Susanne Schaber
Großes Welttheater auf kleiner Bühne
Logenplätze in Friaul und Triest

Susanne Schaber

*Großes
Welttheater auf
kleiner Bühne
  Logenplätze in
Friaul und Triest*

Picus Lesereisen

Picus Verlag Wien

Copyright © 2008 Picus Verlag Ges.m.b.H., Wien
Alle Rechte vorbehalten
Grafische Gestaltung: Dorothea Löcker, Wien
Umschlagabbildung: © Elio Ciol/CORBIS
Druck und Verarbeitung: Remaprint, Wien
ISBN: 978-3-85452-934-7

Informationen über das aktuelle Programm
des Picus Verlags und Veranstaltungen unter
www.picus.at

Inhalt

Großes Welttheater auf kleiner Bühne
Logenplätze in Friaul und Triest 9

Augen zu, Löffel in den Mund
Lebensgenüsse in Cividale: eine Zeitreise 12

In den Abstellkammern der Zeit
Der laszive Charme der Bourgeoisie: Triest 23

Caro Signor Schmitz – Dear Mister Joyce
Triest – Dublin: Die verlorenen Söhne kehren heim 34

Die Therapie heißt Freiheit
Weg mit den Mauern! Triest und die offene Psychiatrie 42

Hier ist Geröll und Tod
Poesie des Steins: der Karst 54

Presente, presente, presente
Heldendämmerung am Isonzo 65

Wer, wenn ich schrie, hörte mich?
Rilke, Schloss Duino und die Eingebungen von oben 74

Flut, Ebbe, Flut
In der Lagune von Grado gehen die Uhren anders 85

In meinem Auge der sündige Teufel
*Pier Paolo Pasolini und Casarsa: Geschichte einer
Hassliebe* 94

Auf der Terraferma blüht's
Bühnenlandschaften: Villen und Gärten der Venezianer 105

Die Welt steht still
Die großen Erdbeben des Jahres 1976 113

Bei den vierzehn Engeln
Himmelwärts: Sauris, das höchste Dorf des Friaul 123

Großes Welttheater auf kleiner Bühne

Logenplätze in Friaul und Triest

> *Die Feigen in Betracht ziehen.*
> Scipio Slataper, Triest, 1911

Es könnten Logenplätze sein, das Schloss von Udine, die Rocca Bernarda oder die Abbazia di Rosazzo. Orte mit spektakulären Ausblicken, auf die Julischen Alpen und den Karnischen Kamm, auf den Karst und die Hügel mit ihren Weingärten, auf fruchtbare Ebenen und steinerne Flussläufe, aufs Meer. »Das Friaul ist ein Kompendium der ganzen Erde«, so der Dichter Ippolito Nievo, »es umfasst Alpen und Moräste, Granit und Lagunengewässer, sechzig Meilen von Nord bis Süd.« Welttheater – auf kleiner Bühne.

Doch großes Drama und prächtige Inszenierungen passen nicht wirklich zum Friaul. Der Landstrich macht sich unauffälliger, als er ist: gut 7845 Quadratkilometer groß, mit 1,2 Millionen Einwohnern, verteilt auf vier Provinzen, auf Udine, Pordenone, Gorizia und Triest. Zusammen bilden sie die Region Friaul-Julisch Venetien, kurzerhand Friaul genannt.

Eine verschlossene Gegend. Viele verkennen sie, wenn sie von München oder Wien gen Süden hetzen, und ahnen nicht, was sie versäumen. Das Friaul verweigert sich dem eiligen Touristen. Es ist zu vielschichtig, um schnell erfasst und katalogisiert zu werden. Und eigentlich ist man froh darüber, denn der Landstrich soll so bleiben, wie er ist: langsam zu befahren, lustvoll zu erkunden. Auf engem Raum und ganz selbstverständlich finden sich hier mannigfaltige Sprachen, Kulturen und Traditionen zusammen, gespiegelt in Kunst, Küche und Keller, in der Lebensfreude und dem Eigensinn der Menschen, die hier leben.

Mediterranes verbindet sich mit dem Alpinen, Romanisches mit dem Slawischen und dem Germanischen. Das macht einen eigenen Kopf. Die Friulaner stehen zu sich. Der Geschichte war nicht zu trauen, zu oft wechselten Herrscher und deren Interessen. Man hat sich nicht gehalten an die Direktiven der politischen Machthaber, an die Vermessungen der Geometer und die Gespräche an den Verhandlungstischen. Wer so nah an den Grenzen lebt, fühlt sich frei von Beschränkungen und sucht seinen eigenen Weg, offenen Blickes, festen Schrittes und mit geradem Rücken.

»Es gibt ein Italien der Provinz, ohne kleinkarierte Eifersüchteleien«, weiß Claudio Magris, selbst in Triest zu Hause, »und oft mit mehr Leben und Intelligenz als in den sogenannten großen Zentren, die sich für Premieren-Lichtspielhäuser halten und manchmal doch bloß alte Kinos sind, kurz vor der Schließung.« Das Friaul und seine Städte sind so ein Stück Provinz, zurückhaltend und spröde, aber feinnervig-weise, vielstimmig und voller Hintersinn.

Hier wachsen Feigen, und sie hängen tiefer, als man meinen möchte. Man sollte sie unbedingt in Betracht ziehen.

Augen zu, Löffel in den Mund

Lebensgenüsse in Cividale: eine Zeitreise

Löffelchen, kleine Blechlöffelchen, gut zwanzig Stück. Ohne die geht für Moreno Scubla einfach gar nichts. Sie lagern unterm Ladentisch und warten auf Ausgang. Moreno Scubla lässt sie häufig raus. Jedes Mal, wenn ein Kunde sein Geschäft ansteuert, um Öl zu kaufen und dies auch ernst nimmt, kommen die *cucchiainos* zum Einsatz. Dick und träg fließt das Öl aus den Flaschen in die Löffel: *extra vergine* von der ligurischen Küste, vom Gardasee und aus dem Friaul, biologisches Olivenöl aus den Marken und der Toskana, Öl *per cucinare e mangiare*, günstiges Öl und teures. Gut sind sie alle. Jedes schmeckt anders: scharf und kräftig das eine, fruchtig das andere, etwas milder, weil länger gelagert, das dritte. Und jedes von ihnen öffnet die Sinne für eine andere Landschaft, für einen anderen Baum. Eine Expedition, Schluck für Schluck.

Cividale, Corso Mazzini, die Hauptstraße durch die Altstadt. Auf Nummer 33 ein Geschäft. »Scubla – Antica Drogheria«, durchsichtige Lettern auf Milchglas. Und darüber noch ein Hinweis: »Torrefazione del Caffè«, Kaffeerösterei. Hinter einer Tür aus Holz liegt ein altmodisch anmutender Laden, weiß lackierte Einbaukästen und Regale, spätes Art déco, ein grauer Kachelboden. Seit 1921 gibt es die *drogheria*, seit bald vierzig Jahren ist sie im Besitz der Familie Scubla. Moreno und Ermes haben das Geschäft von ihrem Vater übernommen, und der hatte es seinem Vorgänger abgekauft. Ursprünglich seien hier Kolonialwaren und Putzmittel verkauft worden, erzählt Moreno. Aber ihm habe die Bezeichnung *drogheria* so gut gefallen, dass er sie beibehalten habe, obwohl man inzwischen nichts mehr am Hut habe mit Kernseife, Bienenwachs und Möbelpolitur.

Die Scublas bieten keine ausgesucht teuren Delikatessen an, ihr Geschäft ist ein Feinkostladen im eigentlichen Sinn des Wortes, mit *pasta*, Reis und Polenta, *grappa* und Wein, Käse und *mortadella*. Dazu *sughi* und Konfitüren, Dosen mit eingelegtem Gemüse und Fisch, feinste Schokolade, Mandelcreme und kandierte Früchte. Daneben Alltägliches: Puddingpulver, Ramazzotti, Joghurt. Ein Laden für alle, die dem Supermarkt nicht trauen. Einkaufen, verkosten, schwatzen. Wer sich dafür nicht Zeit nimmt, der versäumt das Leben.

Cividale ist eine langsame Stadt. Der Natisone, der sich vom Gran Monte kommend durch die Colli Orientali gen Meer wälzt, gibt den Rhythmus vor. In Cividale hat er sich tief in das Tal gegraben und eine Schlucht hinterlassen, mit felsigen Ufern und versteckten Buchten. Hier baden die Vögel. Große Steine liegen im Wasser wie kleine Inseln. Gröbere Brocken stauen den Fluss zu einem See, tiefblau. In ihm spiegelt sich der Himmel. Wo der Strom wieder freikommt, bilden sich Wirbel und Wellen. Sie glätten sich schnell, das Wasser treibt friedlich weiter. Eine fast schon meditative Landschaft. Hier hat es niemand eilig.

Der Natisone ist die Lebensader der Stadt. Steile Mauern steigen vom Flusslauf nach oben, darauf Häuser, Kirchen und Tempel, eine keltische Nekropole. Die mittelalterliche Teufelsbrücke verbindet die Ufer. Cividale zählt zu den ältesten Städten des Friaul. Schon die Kelten haben hier gesiedelt. Ein Hypogäum, eine unterirdische Kulthöhle, duster und geheimnisvoll, erinnert daran. Seltsame, aus dem Stein gehauene Köpfe lassen den Besucher nicht aus den Augen. Eine Grabanlage? Man weiß es nicht genau. Später, als die Römer die Siedlung okkupierten und zum Forum Iulii befestigten – aus jener Zeit rühren die Namen der Julischen Alpen und des Friaul –, wurde der Raum als Gefängnis benutzt.

Mit der Völkerwanderung wird Cividale von allen Seiten bedrängt. Zuerst fallen die Ostgoten ein, dann die Byzantiner, zuletzt die Langobarden, die hier um 568 nach Christus ihr erstes Herzogtum in Italien errichteten und die Region zu befrieden und gegen Slawen und Awaren zu verteidigen suchten. Cividale erfährt in jener Zeit eine wirtschaftliche, aber auch kulturelle Blüte. Als kriegerisches Nomadenvolk hatten die Langobarden die Metallverarbeitung kultiviert. In den Nekropolen von San Giovanni, Cella und

San Gallo wurden prächtige Schwerter, Dolche und Armbrüste gefunden. Sie sind heute in der Sammlung des Museo Archeologico Nazionale von Cividale zu bestaunen, im Palazzo dei Provveditori, den Andrea Palladio entworfen hat. Dort liegen die Kämme der Frauen, ihre Gürtelschnallen und Haarnadeln, aber auch Amulette und Ketten aus Bernstein und Tierzähnen, eng am Körper zu tragen, um Unheil abzuwehren.

In jenen Jahren, da die Langobarden den Norden Italiens erobern und unterjochen, hüten sie die Traditionen ihrer germanischen Heimat. Gleichzeitig öffnen sie sich dem mediterranen Kulturraum und holen Künstler aus verschiedensten Mittelmeerländern an ihren Hof. Ein neuer Stil bildet sich aus. In ihm spiegelt sich das Formenrepertoire der späten Antike und des frühen Christentums, das sich mit Elementen der byzantinischen, persischen und auch arabischen Welt zusammenschließt. Formen, Figuren und Symbole durchdringen einander, dekorative, zoomorphe und florale Motive gehen eigenwillige Verbindungen ein.

Das oktogonale Taufbecken des Callixtus aus griechischem Marmor ist eines dieser eigensinnigen Kunstwerke: ein marmorner Sockel, der das Becken umschließt, darauf acht Säulen mit korinthischen Kapitellen. Die Rundbögen und Reliefplatten sind reich dekoriert, mit Blütenranken, Weinblättern und Palmwedeln, mit Greifen und Schlangen, mit geflügelten Stieren und Ungeheuern aus dem Meer. Eine friedlich-naive, aber auch beunruhigende Welt, magisch beseelt. Den horror vacui gilt es zu bannen und einen fantastischen Kosmos zu beschwören. Geheime Zeichen verweisen in die Moscheen von Konstantinopel und Isfahan, in die Koranschulen von Marrakesch und Granada, in die Kulthöhlen der Alpen. Norden, Süden und Osten verbinden sich in ihrer Angst vor der Leere, vor dem Schrecken der Nacht und den Geißelungen der Fantasie.

Der gegenüberliegende Ratchis-Altar scheint jeden Spuk zu brechen. Ein monumentaler Block, mit dem Taufbecken des Callixtus in ein lautloses Zwiegespräch verstrickt. In seinem Zentrum thront Jesus, umgeben von Cherubinen und Engeln. Ihr aller Blick ist unergründlich. Die Edelsteine, die einst ihre Augen zum Strahlen gebracht haben, sind längst herausgeschlagen. Geblieben sind leere Gesichter voll naiver Expressivität, auf Körpern mit wilden und zugleich rührend ungelenken Proportionen: riesige Hände, winzige Füße, gedrungene Leiber, von mächtigen Gewändern umhüllt. Über allem eine Hand, die aus dem Nichts auftaucht und sich schützend über Christus' Haupt legt. Sie birgt die Welt.

Den Altar datiert man in die Jahre zwischen 737 und 744. Er ist nach Ratchis benannt, Herzog des Friaul und König der Langobarden, verheiratet mit einer Römerin. Ein fortschrittlicher, toleranter Herrscher. Germanischer Götterglaube und Arianismus verschwinden, das Christentum erobert immer mehr Terrain. Im nahe gelegenen Castelmonte entsteht ein Marienheiligtum, in Cividale errichtet man neue Kirchen und Kapellen. Darunter der Tempietto Longobardo, eines der faszinierendsten und rätselhaftesten Bauwerke jener Zeit und weit übers Friaul und Italien hinaus berühmt. Das kleine Oratorium thront auf einem Felsen hoch über dem Natisone. Steht es auf einem früheren Kultplatz? Und wer hat es bauen lassen, welche Künstler wurden beauftragt? Die Dekorationen aus Stuck führen nach Syrien und Palästina, die Säulen ins antike Griechenland und Rom, die Figuren erinnern an die Mosaike von Ravenna und Byzanz. Entstanden ist der Tempel im späten 8. oder frühen 9. Jahrhundert. Das immerhin scheint man zu wissen. Anderes – und sehr viel mehr – liegt immer noch im Dunkeln.

Auch die sechs Frauen im Inneren des Tempels schweigen. Unergründliche Gestalten, aus hellem Kalkstuck, majestätisch groß, mit klaren Gesichtern und dem Anflug eines Lächelns um den Mund. Vier von ihnen tragen kostbare Gewänder und Kronen, zwei sind in einfache Pallas gehüllt. Wer waren diese Frauen – Fürstinnen, Priesterinnen oder Heilige? Vielleicht die Märtyrerinnen Chiona, Irene, Agape und Sofia. Generationen von Forschern haben sich mit ihnen getroffen, doch niemand ist ihnen wirklich nahegekommen. Man kann vergleichen, spekulieren, fabulieren: Die Damen, Wesen aus einer fernen Welt, entziehen sich. Strengen Auges überblicken sie den Raum. Er wird zur Zelle, in der die Seele ihre Runden zieht. Einer jener rätselhaften Orte, wie man sie in Cividale immer wieder findet: Plätze, die für ein paar Momente den Herzschlag der Geschichte hören lassen, stärker als anderswo.

Die Cividalesi leben ganz selbstverständlich mit der Vergangenheit, in mittelalterlichen Fachwerkhäusern, venezianischen *palazzi* und bodenständigen, fast schon alpin wirkenden Häusern. Die Grenzen zu Slowenien und Österreich sind nah, und auch Hochgebirge und Meer nicht weit. In Cividale finden viele Straßen zusammen. Vielleicht ist das der Grund, hier Jahr für Jahr das sommerliche Mittelfest zu feiern. So hat man es getauft, es trägt einen deutschen Namen. Künstler aus allen Ländern Mitteleuropas reisen hierfür an, zu Konzerten, Lesungen, Theaterabenden. Es ist heute nicht viel anders als früher: Kulturen und Sprachen durchdringen einander, einer nimmt sich vom anderen, was er brauchen kann. Man fürchtet sich nicht mehr vor dem Fremden. Herrscher und Geschlechter sind gekommen und auch wieder abgezogen: Kelten, Römer, Goten, Langobarden, später die Venezianer und die Österreicher, schließlich Franzosen und Italiener. Das öffnet den Blick, macht gleichmütig und besonnen.

Die ganz alltäglichen Rituale ändern sich ohnehin nicht. Das Gläschen Refosco am Vormittag, der Schwatz mit dem Briefträger, der Espresso im Caffè San Marco unter der Loggia des Rathauses. Am frühen Nachmittag endet das geschäftige Treiben. Alle drängen nach Hause. Die Geschäfte haben die Rollbalken unten, aus den

Fenstern dringt das Klappern von Geschirr. Dann wird es auch dort still. *Siesta*. Auf der Piazza Paolo Diacono fährt ein Auto vor, zwei Polizisten steigen aus und verschwinden im Caffè Longobardo. Nichts zu tun um diese Zeit.

Erst nach sechzehn Uhr erwacht die Stadt aus dem Schlaf. Dann sperren auch die Brüder Scubla ihren Laden wieder auf. Sogar am Sonntag im Geschäft zu stehen, wenn die Cividalesi vom Kirchgang zurückkehren und durch die Altstadt flanieren, scheint selbstverständlich. So war es doch immer schon, und so wird es bleiben, meinen die beiden Herren in ihren altmodischen braunen Kitteln. Verschlossen der eine, verschmitzt und mit blitzenden Augen der andere. Ermes ist wortkarger, er bleibt im Hintergrund. Doch Moreno sucht das Gespräch. Er verkauft nicht nur Produkte, sondern auch Geschichten. Er kennt seine Kunden, er spürt sofort, wenn der Funke springt. Und dann geht's erst richtig los. Öl also: Nummer eins, zwei und drei fließen in den Löffel. Zuerst ein ganz junges aus der Toskana, dann das ein Jahr alte vom Gardasee, zuletzt ein biologisches aus Ligurien. Und wo ist das *olio* aus dem Val Rosandra nahe Triest geblieben, das hier jahrelang verkauft wurde? Dort hatte sich ein pensionierter Bankdirektor seinen Traum erfüllt, wie Signor Scubla wusste. Jeder seiner Bäume wurde sorgfältig gepflegt und beschnitten, Ast für Ast, sodass sich alle Kraft in den wenigen Früchten sammelte, die er Jahr für Jahr erntete. Der Ertrag war klein, und die Auslese der Oliven nochmals eine Prozedur. Das Öl, das auf diese Weise entstand, ist ... Moreno Scubla rollt mit den Augen. Und heute, ja heute haben die Söhne den Betrieb übernommen und eine PR-Maschinerie in Gang gesetzt. Da stecke nun viel zu viel Design mit drin. Und die Qualität des Öls, die habe verloren. Seither führe er es nicht mehr.

Aber er habe dafür etwas anderes, etwas ganz Besonderes, ein *olio di Sicilia*, verrät er. So eines müsse man erst einmal finden. Moreno Scublas Stimme wird leise. Der Griff ins Regal. Das Gut in Marausa im Osten der Insel gehöre einem Apotheker, und der habe sogar Schädlingsfallen entwickelt, die ohne Chemie auskommen. Und das Öl, das schmeckt – Moreno Scubla hält ein Löffelchen bereit. Augen zu.

Und jetzt noch der *aceto*, der Essig. Wie wär's mit dem Vincotto aus Apulien, sechs, acht oder zehn Jahre alt? Eine Spezialität der Gegend: Aus Trauben, die noch am Weinstock trocknen, gewinnt man Most. Der wird eingekocht, mit Essig versetzt und in Eichenfässern gelagert. Dann kommen die Früchte dazu, Feigen zum Beispiel. Perfekt zu Ziegenkäse. Der Vincotto mit Erdbeeren, der sei wirklich süß, meint Moreno, den müsse man mögen. Ihm sei er zu klebrig. Es gebe auch einen mit Himbeeren – passe wunderbar zu Vanilleeis. Das esse man auch in Lecce gern, und nicht nur dort.

Die kulinarischen Meridiane Italiens scheinen allesamt durch das kleine Geschäft in Cividale zu laufen. Und wo bleibt das Friaul auf dieser Landkarte des Genusses? Nicht alle regionalen Erzeugnisse finden Signor Morenos Gnade. Viele der lokalen Anbieter, so erstklassig sie auch arbeiteten, hätten im Moment einfach noch nicht die Kapazität, in größerem Stil zu produzieren, meint er. Andere wiederum, gibt er zu bedenken, seien für ihn einfach nicht gut genug. Und gut muss man sein, sonst hat man bei Moreno keine Chance. Ihm reicht es nicht, Produkte mehrmals zu verkosten, nein, er reist ihnen hinterher. Wenn es sein muss, bis nach Sizilien. Dort, auf der Insel Favignana, lebt einer seiner liebsten Geschäftspartner, Antonio Tammaro. In der Antica Tonnara di Favignana stellt Antonio alles vom Thunfisch her: *bottarga, tonno rosso del mediterraneo* und *tonno salato agli aromi, salame di tonno, tonno affumicato*. Stolz zeigt Moreno auf die Gläser mit den Fischkonserven und zieht dann ein abgegriffenes Foto aus einem Fach unter der Kassa: Da steht er am Meer, zusammen mit Antonio. Beide Männer halten sich an einem riesigen Thunfisch fest. Moreno strahlt. Und nun stellen Sie sich *spaghetti* vor, so seine Übung in lukullischer Imagination, *spaghetti* mit nichts anderem als einem kleinen bisschen von dieser *bottarga* erster Qualität, diesem Thunfischrogen, dem Kaviar Siziliens, dünn über die Nudeln gerieben ...

Ob er denn selbst regelmäßig koche? Natürlich, welche Frage, täglich. Zwischen Hausbrandt Kaffee, Tocai Friulano und dem Grappa Nonino steht ein Regal mit abgegriffenen Kochbüchern aus ganz Europa. Cividale ist nicht groß, hier kommt man schnell an seine Grenzen. Doch in der Küche reist Moreno durch Italien, Frankreich und Spanien, durch Griechenland und die Türkei. Zu fast jedem seiner Produkte hat er die passenden Rezepte auf Lager. Oder auch einen Rat: Der Riso Vialone Nano, der sei natürlich nur für einen *risotto* mit Gemüse geeignet, der Carnaroli, den könne man auch mit Fisch oder *salsiccia* kombinieren.

Eigentlich ist das alles ganz einfach, meint Moreno Scubla. Man muss einfach wissen, wie man's anlegt. Nicht nur beim Essen. In Cividale könnte man's lernen. Licht aus, Rollbalken herunter, es geht los.

In den Abstellkammern der Zeit

Der laszive Charme der Bourgeoisie: Triest

»Un poco di ben e un poco di mal tien la barca drita.« Lässt sich so wirklich leben? Die Triestiner tun's und folgen einem alten Sprichwort: Ein bisschen vom Guten, ein bisschen vom Schlechten, und das Boot hält Kurs. Der Mittelweg. Damit scheint man zufrieden.

Triest musste lernen, sich zu arrangieren. Höhenflüge? Lieber nicht. Der Absturz könnte schmerzhaft sein, das hat man oft genug erfahren. Die Geschichte sitzt einem tief in den Knochen, das Vertrauen in sich und seine Möglichkeiten bleibt zaghaft. Die Triestiner tun sich schwer mit ihrer Identität. Sie hätten eben, so Claudio Magris, eine doppelte Seele. Damit lebt sich's nicht leicht, aber intensiv.

»Du weißt, dass ich Slawe, Deutscher, Italiener bin. Von slawischem Blut hab ich eine seltsame Sehnsucht in mir, einen Wunsch nach Neuem, nach verlassenen Wäldern; eine Sentimentalität, die nach Zärtlichkeiten verlangt, nach Freuden; ein endloses Träumen ohne Grenzen. Von deutschem Blut hab ich die eselköpfige Sturheit, den diktatorischen Willen und Ton, die Sicherheit in meinen Plänen, den Unmut, Diskussionen akzeptieren zu müssen, ein Verlangen nach Herrschaft und Kraft. Diese Elemente sind im italienischen Blut verschmolzen, welches sie in Harmonie zu bringen versucht, in Ausgleich, damit ich ›klassisch‹ werde, gebildet, ein Elfsilber anstatt ein freier Vers.« Scipio Slataper hat es an sich selbst erfahren: Die Familie seines Vaters hat slawisch-slowakische Wurzeln, seine Mutter ist Tochter einer Deutschen und eines Italieners. Ein »Mishmash«, wie es die Triestiner nennen, das Mit- und Nebeneinander von Völkern und Kulturen.

Erst das Wissen um die Geschichte der Stadt lässt ihre Eigenart verstehen, ihre Zerrissenheit, ihr Zweifeln, die Zurückhaltung. Die Gründung Triests geht auf keltische und illyrische Stämme zurück. Ihnen folgen die Römer mit der Siedlung Tergeste auf dem Hügel San Giusto. Dort, direkt neben Castello und Dom, liegen heute noch die Ruinen einer römischen Basilika, am Fuß der Anhöhe die Reste des Amphitheaters. Die Cäsaren wussten die Kolonie als Grenzfestung zu nutzen und ihren Hafen für Handel und Schifffahrt. Nach dem Untergang des Imperium Romanum wechseln die Machthaber immer wieder. Triest kommt erst zur Ruhe, als es sich 1382 in die Herrschaft der Habsburger fügt.

Eine Hassliebe: Einerseits bietet der Hof zu Wien Sicherheit im Kampf gegen die Venezianer, andererseits begibt man sich damit in die Hände eines bürokratischen Apparates, der Entscheidungen zentralistisch fällt, ohne auf die Bedürfnisse der einzelnen Regionen zu achten. Zu jener Zeit zählte Triest etwa fünftausend Einwohner, eine verschlafene Kleinstadt. Es gibt etwas Handel, hauptsächlich mit Salz, dazu Landwirtschaft und Fischfang. Davon wird man nicht reich.

Erst 1719 dann die Wende, als Österreich im Mittelmeer strategische Handels- und Militärstützpunkte zu schaffen trachtet und Triest zum Freihafen ernennt. Ein Dekret Karls VI., das die Zölle aufhebt und dadurch die Wirtschaft ankurbelt, eröffnet seinen Bewohnern neue Möglichkeiten. Kaufleute und Unternehmen wandern zu und mit ihnen Seeleute, Hafenarbeiter und Abenteurer. Unter Maria Theresia und Joseph II. verändert sich das Antlitz der Stadt. Man errichtet neue Hafenanlagen, den heutigen Porto vecchio, und legt die ehemaligen Salzgärten trocken, um den Borgo Teresiano und Giuseppino zu bauen. Rund um den Canal Grande entsteht ein geometrisches System von Straßenachsen mit einer Vielzahl repräsentativer Palais. In den Untergeschoßen sind Kontore und Warenlager untergebracht, in den Etagen darüber logieren die zu Reichtum gekommenen Kaufleute, unterm Dach die Dienstboten und Domestiken.

Neue Privilegien sorgen weiterhin für die Attraktivität dieses Standorts: Die Männer sind vom Wehrdienst befreit, Glaubensfreiheit und Toleranz garantiert, der Zuzug von Immigranten erwünscht. Auf diese Weise entwickelt sich Triest zu einer vielstimmigen, vielschichtigen Gesellschaft. Als Österreich nach dem Wiener

Kongress 1814/15 wieder zur Weltmacht aufzusteigen sucht, werden Industrie und Handel zu wichtigen Säulen der Wirtschaft. Die Stadt erlebt einen rasanten Aufschwung. 1818 geht die erste Schifffahrtslinie zwischen Triest und Venedig in Betrieb, 1837 die Linie Triest-Konstantinopel. 1831 wird die Assicurazioni Generali gegründet, kurz darauf der Österreichische Lloyd, wenig später die Riunione Adriatica di Sicurtà. Das Meer sollte sicherer werden, so das Bestreben dieser Gesellschaften. Besonders der Lloyd, nach dem Modell der Londoner Zentrale aufgebaut, nimmt eine steile Entwicklung, als er zur Schifffahrtsgesellschaft avanciert und von Triest aus die Ozeane befahren lässt. »Vorwärts«, so sein Wahlspruch. Saloniki, Konstantinopel und Alexandria, Bombay, Shanghai und Nagasaki: Zwischen 1837 und 1914, dem Beginn des Ersten Weltkriegs, tuckern zweihundertzwanzig Dampfer über die Ozeane, mehr als siebenunddreißig Millionen Tonnen Waren werden umgeschlagen und über einundzwanzig Millionen Passagiere befördert.

Triest, seit 1857 durch die Südbahn direkt mit Wien verbunden, zählt neben Hamburg, Rotterdam und Marseille zu den größten Häfen Europas. Neue Werften entstehen, Lagerhallen, Werkstätten und Trockendocks. Dazu die prächtigen Repräsentanzen der Reedereien und Versicherungen, die öffentlichen Gebäude und Hotels, die das Stadtbild bis heute prägen: der Lloydpalast und der Palazzo Comunale auf der Piazza dell'Unità d'Italia, die Grand Hotels Duchi d'Aosta und Savoia Excelsior Palace, das Teatro Verdi, die Börse. Man beschäftigt Architekten aus Triest, aber auch aus Wien und Berlin. Provinz ist anderswo, die Salons des Bürgertums wachsen mit dem Selbstbewusstsein. Innerhalb von vierzig Jahren vervierfacht sich die Bevölkerung, um 1910 sind es gut zweihundertzwanzigtausend Einwohner. Es sind Italiener zugezogen, dazu Griechen und Levantiner, Slowenen, Kroaten und Serben. Nur ein kleiner Teil der Bevölkerung, etwa zehn Prozent, spricht deutsch, jene Sprache, die der habsburgische Verwaltungsstab präferiert.

Die Politik weiß mit solchen Strukturen nicht umzugehen: Als Kaiser Franz Joseph 1848 den Thron besteigt, stärkt er den Deutschnationalen und Katholiken den Rücken. Eine schlechte Entscheidung für Triest, wo die Slowenen um ihre Autonomie kämpfen. Die Italiener wiederum fürchten die Slawisierung und nehmen dafür zähneknirschend die Germanisierung in Kauf. Die Ethnien verfeinden sich immer mehr: Die einen träumen von einem slawischen Staat, der den Raum zwischen Istrien und der Steiermark einnehmen soll, die anderen von einem Freistaat zwischen den Herrschaftsgebieten von Italien und Österreich, wieder andere vom Anschluss an Italien. Zu Letzteren zählen auch viele Juden, die unter dem latenten Antisemitismus der Habsburger leiden und sich eine liberale Gesellschaft herbeiwünschen.

Franz Joseph gelingt es nicht, sein Reich zu einen, es zersplittert und zerfällt immer mehr. Auch Triest verfängt sich in einem Dickicht unterschiedlichster Interessen: Den Österreichern ist man wirtschaftlich und kulturell verbunden, den Italienern geistig, alle anderen Völker sucht man zu unterdrücken oder zu ignorieren, so sie sich nicht freiwillig assimilieren. Die Triestiner, dieses kosmopolitische Konglomerat verschiedener Menschen und Kulturen, leben nebeneinander und beäugen einander kritisch, ohne wirkliche Gemeinsamkeiten zu entwickeln. Vor Beginn des Ersten Weltkriegs gibt es über fünfhundert verschiedene Zeitungen und Zeitschriften, in den Kaffeehäusern wie dem berühmten Tommaseo, dem San Marco oder dem Degli Specchi ist die Welt zu Hause. Doch in den Köpfen der Menschen treten die Gedanken auf der Stelle.

1915 bricht auch im Friaul die *Grande Guerra* aus. Mit Kriegsende verliert Österreich seinen Zugang zum Meer – und Italien gewinnt einen Hafen, den es nicht braucht. Triest verkommt zur Provinzstadt. Die bürgerlichen Ideale sind zerschellt, die Nationalitätenkonflikte nehmen weiter zu. Die meisten ehemaligen k. u. k. Beamten samt Familien ziehen ab, die frei gewordenen Arbeitsplätze und Wohnungen werden von Italienern besetzt, was die Slawen aufbringt. Erste Gewaltakte machen sich bemerkbar: Das Hotel Balkan, das größte slowenische Kultur- und Künstlerhaus, wird im Juli 1920 von nationalistischen Sturmtruppen in Brand gesetzt und zerstört. Der Faschismus hat es leicht, die Triestiner werfen sich blauäugig in seine weit geöffneten Arme.

Triest, San Sabba. Ein Ziegelbau inmitten einer trostlosen Industriegegend, rote Mauern, ein hoch hinaufragender Schlot. In der einstigen Reisfabrik ist heute ein Museum untergebracht, eine nationale Gedenkstätte. An den Wänden Fotos und Dokumente, im Hof eine Installation, ein in den Boden eingelassener, mit Stahlplatten markierter Parcours: die Umrisse eines Ofens, eines Rauchkanals und eines Kaminsockels. Auf vorsichtige Weise sucht man den Schrecken festzuhalten, der eigentlich nicht fassbar ist: In der Risiera di San Sabba war zwischen 1943 und 1945 das einzige Vernichtungslager auf italienischem Boden eingerichtet.

Als die Deutschen im Herbst 1943 Triest besetzen und die Gegend zur »Operationszone Adriatisches Küstenland« erklären, präsentieren sie sich als Nachfolger des österreichischen Kaiserreichs und versprechen, an die wirtschaftlich goldenen Jahre des 19. Jahrhunderts anzuknüpfen. Auf diese Weise finden sie Anhänger und Kollaborateure. Schon kurz nach diesem Anschluss an das Dritte Reich beginnen die Umbauarbeiten in der Risiera. Odilo Globocnik wird zum obersten SS- und Polizeiführer ernannt. In seiner Geburtsstadt Triest sucht er weiterzuführen, was er in den Konzentrationslagern von Treblinka, Belzec und Sobibór gelernt hat.

Gut fünftausend Menschen, großteils italienische und slowenische Widerstandskämpfer, wurden in San Sabba umgebracht, etwa zwanzigtausend von hier aus deportiert. Schon in den zwanziger und dreißiger Jahren waren etwa hundertfünfzigtausend osteuropäische Juden von Triest aus nach Palästina emigriert, der Hafen galt als »Porta di Sion«, die Pforte Zions. Jene Mitglieder der jüdischen Gemeinde von Triest, die noch geblieben waren, wurden bei der Machtübernahme der Deutschen aufgespürt und in San Sabba zusammengepfercht. Von hier aus schickte man sie in die großen Vernichtungslager weiter. »Gino Parin/ Maler/ Schrieb er sich«, heißt es in einem Gedicht von Carolus L. Cergoly.

Aber in der Synagoge
In den Büchern
Nannte er sich Pollak

Eines Abends festgenommen
Zur Überprüfung
In die Reisfabrik verbracht
Keiner hat ihn mehr gesehn
Im Caffè del Ponterosso

Gestern spie der Kamin
Rauch in allen Farben
Auf verschlossene Fenster
Verzweifelte Fenster

Des Viertels
San Sabba.

Als im April 1945 jugoslawische Partisanen die Stadt einnehmen und für sich beanspruchen, folgen vierzig Tage schlimmer Repressionen und Racheakte: Etwa dreitausend Menschen verschwinden oder werden in der Karstschlucht von Basovizza umgebracht, unter den Opfern des Pogroms sind italienische Patrioten, Faschisten und Kollaborateure. Die Stadt erstarrt in Angst und fühlt sich von aller Welt verlassen. Bis endlich die Alliierten eingreifen und die Region zweiteilen. Triest und ein schmaler Streifen des Hinterlands fällt unter anglo-amerikanische Verwaltung, Istrien an Jugoslawien. Ein Exodus beginnt. Gut dreißigtausend italienischsprachige Flüchtlinge, so schätzt man, verlassen die istrische Halbinsel, um sich in Triest anzusiedeln. Die Stadt verfällt in Ratlosigkeit und Depression, die Grenzsituation schürt neue Ängste. Eine jahrzehntelange Ungewissheit macht sich breit. Erst 1954 wird die Zone A, wie sie heißt, provisorisch der italienischen Zivilverwaltung unterstellt und 1975 schließlich die Demarkationslinie als italienisch-jugoslawische Grenze festgelegt und damit Triests Zugehörigkeit zu Italien bestätigt. Dazwischen liegen Jahre des Wartens und des Gefühls, nicht mehr zu sein als eine kleine Figur auf dem Schachbrett der Mächtigen. Einmal mehr weiß man in Triest nicht, woran man ist und wo man lebt. In niemandes Land.

»Triest ist eine Abstellkammer der Zeit, jenes großen Trödlers, unter dessen Händen die Lorbeerkränze zu dürrem Laub werden und der Ruhm zu Plunder«, so Claudio Magris und Angelo Ara. »Es ist eine Stadt am Rande, in der man verstehen lernt, dass das an den Rand Gedrängte, das Verdrängte und das Relikt die Hüter der Wahrheit und der Geschichte sind, einer Geschichte des Elends, der Auszehrung, der Finsternis.« Triest galt lange Zeit als graue, triste Stadt. Untertags kamen die Busse aus Jugoslawien, da boomten die Geschäfte, doch abends zogen die Touristen wieder ab. Totentanz auf den Straßen. Hier hausten die Melancholie, der leichte Silberblick, das Schweigen. Es gab nicht viel zu reden. Selbst die Paläste, diese Zeugen einstiger Pracht, schienen tot, die Häuser in den engen Gassen feucht und duster, die Spiegel blind. »Überdruss die Gegenwart; was die Vergangenheit betrifft/ nur Reue; die Zukunft Drohung.« Umberto Saba.

Vieles hat sich verändert, seit der Eiserne Vorhang gefallen ist. Triest, einst in einem toten Winkel gelegen, ist nun das Tor zum Balkan, zum Osten Europas. Die Stadt scheint ein Stück weit aufzublühen, mit neuen Perspektiven kehrt die Lebensfreude zurück, zu spüren auf den Straßen und in den Bars. Und doch: Wirklich zusammengewachsen sind die Triestiner noch lange nicht. Was im großen Gefüge Europa zu gelingen scheint, braucht hier seine Zeit. Die einen schauen nach Rom, die anderen Richtung Laibach, wieder andere nach Wien und Berlin. Mit einem Teil der eigenen Geschichte ist man längst versöhnt, mit dem anderen will man nichts mehr zu tun haben. Doch die Vergangenheit bricht immer wieder durch, »füllt sich mit Echos und Erinnerungen, die sich nach und nach zu einem Mosaik zusammenfügen«, wie Marisa Madieri über ihre Kindheit in Istrien und Triest schreibt. »Sie kommen in kleinen Strudeln aus einem unbestimmten Magma herauf, das sich lange Jahre in einem dunklen, nie ausgeloteten Grund angesammelt hat.«

Das nie Ausgelotete. In Triest, diesem Niemandsland zwischen gestern und heute, ist es auf Schritt und Tritt zu spüren Die Stadt lässt sich schwer erschließen, doch ihr lasziver Charme ist Geschenk und Versprechen. Die Triestiner seien nicht leicht zu haben, meinte auch Giorgio Strehler, selbst hier geboren, und entgegenkommend seien sie schon gar nicht. Wie auch? Sie gehören nur mehr sich selbst. Die meisten haben ihre Schlupfwinkel gefunden, die Nostalgie, den Fatalismus, manchmal auch die Zuversicht. »Un poco di ben e un poco di mal tien la barca drita.« Irgendwie wird's schon weitergehen, irgendwie.

Caro Signor Schmitz – Dear Mister Joyce

Triest – Dublin: Die verlorenen Söhne kehren heim

Signor Schmitz lacht viel, ein wohltönendes, tiefes Lachen. Ganz Triest sei gern bei ihm zu Gast gewesen, erzählt seine Frau, herzlich empfangen von der Fröhlichkeit ihres Mannes. Und eigentlich hat Ettore Schmitz auch allen Grund zur Heiterkeit. Ein ehrenwerter Bürger, angesehen als Industrieller und Förderer der Künste, glücklich verheiratet und in seine Tochter vernarrt. Die Familie residiert in einer Villa in San Servolo, wo sie das mondäne Leben pflegt. Gleichzeitig wird Ettore Schmitzens großes Herz gerühmt, er gilt als wohltätig und freigiebig. Eigentlich, ja eigentlich könnte er ganz zufrieden sei. Wenn nicht ein alter Schmerz in ihm nagen würde, der bittere Unterton in seinem offenen Lachen. Es gibt Tage, da versinkt er in Schwermut und Düsternis. Ob er nicht doch in einem falschen Leben steckt? Ettore Schmitz fühlt sich zum Dichter berufen. Zwei Romane hat er veröffentlicht, beide unter einem Pseudonym und auf eigene Kosten, und beide waren von Publikum und Kritik fast gänzlich ignoriert worden. Gibt es Kläglicheres für einen Autor als ein Echo wie dieses?

»Ich hab nun endgültig diese lächerliche und schädliche Sache, die sich Literatur nennt, aus meinem Leben verbannt«, gesteht er seinem Tagebuch, das seiner Selbstanalyse dienen soll. »Nun wird mir noch einmal die Feder, dieses grobe und unbeholfene Instrument, dazu verhelfen, auf den komplexen Grund meines Wesens zu gelangen. Dann werde ich sie für immer wegwerfen und mich daran gewöhnen lernen, direkt aus der Perspektive der Tat zu denken: im Laufen, vor einem Feind flüchtend oder ihn verfolgend, die Faust zum Schlag oder zur Abwehr erhoben.«

Doch bis es so weit ist, sucht sich Signor Schmitz mit dem Geigenspiel abzulenken und stürzt sich in die Arbeit. Er muss immer wieder nach London reisen, wo die familieneigene Fabrik für wasserfeste Lacke eine Niederlassung hat. Dass er sein Englisch als mediokfer empfindet und sich allerlei Missverständnissen gegenüber findet, missfällt ihm. Und so beschließt er – es soll 1906 gewesen sein –, Sprachunterricht zu nehmen. Er hört sich um. Man empfiehlt ihm einen gewissen Mister Joyce, von dessen pädagogischen Fähigkeiten die Triestiner Bourgeoisie zu schwärmen weiß. Die beiden lernen sich kennen, finden einander sympathisch und werden handelseins: Dreimal wöchentlich soll gepaukt werden.

Mister Joyce ist zu jenem Zeitpunkt schon gute zwei Jahre in Triest. Angekommen – die Geschichte ist längst launige Anekdote – ist er am 20. Oktober 1904, zusammen mit seiner Freundin

Nora Barnacle. Er sei gleich vom Bahnhof weg verhaftet worden, berichtet er später, weil er sich in einen Händel mit drei betrunkenen Matrosen eingelassen habe. Nach seiner Freilassung erhält er die Nachricht, die Reise von Dublin nach Triest vergeblich unternommen zu haben: Die Stelle als Englischlehrer in der Berlitz School, die man ihm versprochen hat, ist nicht frei. Tagelang sucht er nach Arbeit. Als Licht am Horizont tut sich ein Posten in Istrien auf. Also reist Joyce mit Nora Barnacle weiter, ins »maritime Sibirien«, wie er Pula nennt. Die zwei leben sich gut ein. Doch im Frühjahr 1905 müssen sie neuerlich aufbrechen, als alle Mitglieder der ausländischen Kolonie wegen eines Spionageskandals ausgewiesen werden.

Triest, zweiter Versuch. Diesmal kann Joyce bleiben. Er und Nora verbringen hier die nächsten zehn Jahre, hier werden ihr Sohn und ihre Tochter geboren, hier schlägt sich die Familie mehr schlecht als recht durch. Die beiden sind nicht verheiratet, das spricht sich herum. Ja, schlimmer noch: Sie sind ständig verschuldet und schleppen sich von einem Kredit zum nächsten. James Joyce lässt einen Teil seines Einkommens in Bars und Spelunken. Oft genug wird er von seinem Bruder Stanislaus, der ihm nach Triest gefolgt ist, volltrunken aufgegriffen und nach Hause befördert. Ein düsterer Alltag. »And trieste, ah trieste ate my liver!«, heißt es in »Finnegans Wake«. »All moanday, tearsday, wailsday, thumpsday, frightday, shatterday ...«

Zwischen dem Lackfabrikanten Ettore Schmitz und dem *mercante di gerundii*, seinem Gerundienhändler, wie er Joyce nennt, liegen Welten. Und doch auch wieder nicht. Die Englischstunden, an denen auch Signora Schmitz teilnimmt, werden zu Exkursionen durch die Literatur. Die beiden Herren, die der Lebensstil und ein Altersunterschied von gut zwanzig Jahren trennen, kommen einander näher. Joyce, in Triest als heruntergekommener Exzentriker belächelt, fühlt sich in seinem Wesen als Dichter verstanden und bringt eines Tages das Manuskript seiner »Dubliner« mit, um daraus das Schlussstück vorzulesen, »The Dead«. Ettore Schmitz ist begeistert und gerührt. Und fasst sich endlich ein Herz. Er habe ja auch einmal geschrieben, gesteht er, und zieht fast verschämt zwei vergilbte Bändchen aus dem Regal, »Una Vita« und »Senilità«. Ob sich Mr. Joyce, des Italienischen und auch Triestinischen längst mächtig, die beiden Bücher einmal ansehen wolle?

Dies abzulehnen, scheint unmöglich. »Schmitz has given me two novels of his to read«, erzählt Joyce seinem Bruder noch am selben Abend. »I wonder what kind of stuff it is.« Groß sind seine Erwartungen offenbar nicht. Und auch Schmitz bereut es fast, seine Romane aus der Hand gegeben zu haben. Sie seien schlecht, sagen ihm seine Ängste. Umso mehr staunt er, als Joyce wenige Tage später ganze Passagen aus »Senilità« auswendig rezitiert. »Wissen Sie, dass Sie ein verkannter Schriftsteller sind? Es gibt Stellen in ›Senilità‹, die selbst Anatole France nicht hätte besser machen können.«

Ettore Schmitz alias Italo Svevo, so sein nom de plume, ist außer sich. Endlich jemand, der ihn erkannt hat. Er sprudelt über, begleitet Joyce an jenem Nachmittag bis nach Hause, kann sich kaum mehr von ihm trennen. Das frühere Gespräch zwischen Lehrer und Schüler wird zum Diskurs von Dichter zu Dichter. Joyce schreibt in jenen Jahren an den »Dublinern« und dem »Porträt des Künstlers als junger Mann«, das ihn künstlerisch lähmt und in Zweifel stürzt. Er überlässt Schmitz die ersten drei Kapitel zur Lektüre und erbittet dessen Urteil. Es fällt scharf aus: negativ für das erste, positiv für die folgenden Kapitel. Joyce ist so beeindruckt von Schmitz' Einschätzung, dass er sein Buch endlich weiterschreiben kann.

In der Folge kommt es immer häufiger zu Beratungen. Schon 1906 hatte Joyce erste Ideen für seinen »Ulysses«, der nach 1914 konkretere Gestalt annimmt. Er bestürmt Ettore Schmitz mit Fragen über die jüdische Identität und Seele. Schmitz avanciert zum vielleicht wichtigsten Modell für den Leopold Bloom. In dessen Streifzügen durch Dublin spiegeln sich auch die Straßen der Altstadt von Triest, wie Schmitz 1927 in einer Vorlesung über James Joyce enthüllt hat. Doch damit nicht genug: Schmitz inspiriert Joyce zu »Giacomo Joyce«, als er anregt, es solle doch endlich auch Triest Schauplatz eines seiner Werke werden. Er macht ihn mit Freud vertraut und treibt ihm Flausen aus: Gabriele D'Annunzio und dessen Ästhetizismus, dem Joyce kurzzeitig anhängt, das sei doch Blendwerk. Und sogar Livia Schmitz hinterlässt bleibende Spuren: Ihre Haarpracht taucht Jahre später in »Finnegans Wake« auf. Fußnoten für die Literaturhistoriker.

Ettore Schmitz, so Stanislaus Joyce, sei der einzige Mensch in Triest gewesen, mit dem sein Bruder einen wirklich intimen Austausch über sein Schreiben gepflegt habe. In jenen Jahren habe er sich wie in einem doppelten Exil gefühlt, als missachteter Autor in der inneren Emigration, und das an einem Ort, der ihn immer wieder an Dublin erinnerte: eine Stadt, die trotz der vielen Einwohner klein geblieben ist, dazu die Lage am Meer, die Kanäle, die Vitalität des Dialekts.

Schmitz gelingt es, Joyces Empfindungen nachzuvollziehen. Er versucht, ihm materiell unter die Arme zu greifen, indem er ihm weitere Schüler und eine Stelle in der Scuola Superiore di Commercio Revoltella vermittelt. Später bringt er ihn als Englischkorrespondenten in seiner Fabrik unter. Umgekehrt macht sich Joyce für den Schriftsteller Svevo stark. Sein erster Versuch, ihm zu neuer Aufmerksamkeit zu verhelfen, scheitert. Im Triest des beginnenden 20. Jahrhunderts, da sich die *italianità* zu neuen Höhen aufschwingt, kann man den Romanen eines Italo Svevo wenig abgewinnen. Sein Porträt des gebrochenen, müde gewordenen Bürgertums sei der Aufbruchsstimmung nicht förderlich, heißt es. Die Helden seien Psychopaten, narzisstisch in ihre Schuldkomplexe und Obsessionen verstrickt. Kein Vorbild fürs Volk. Zudem wird Svevo vorgeworfen, er beherrsche nicht einmal die italienische Hochsprache und müsse auf den triestinischen Dialekt ausweichen.

Missverständnisse ohne Zahl. Joyce ist enttäuscht, und Schmitz wohl auch. Gleichzeitig fühlt er sich neu motiviert. Im Frühjahr 1923 bringt er seinen »Zeno Cosini« heraus. Doch nun erfährt er ein weiteres Mal, was es heißt, ignoriert und mit Schweigen bedacht zu werden. In seiner Verzweiflung und Niedergeschlagenheit schickt er ein Exemplar des Romans an James Joyce. Der lebt inzwischen in Paris und ist seit der Veröffentlichung seines »Ulysses« in den Olymp der zeitgenössischen Literatur aufgestiegen. Schmitz klagt ihm sein Leid, Joyce reagiert umgehend: »Warum regen Sie sich auf? Sie müssen wissen, dass es bei Weitem Ihr bestes Buch ist.« Er leitet den Roman weiter. Kurz darauf setzt in Paris eine breite Rezeption des Buches ein, die verspätet und zögerlich auch auf Italien übergreift und schließlich in eine Reihe von Übersetzungen mündet. Svevo wird als italienischer Proust gefeiert und erlebt einen späten Triumph. Eine Reihe junger Autoren schließt sich ihm an, Eugenio Montale, Giani Stuparich oder Umberto Saba.

Ettore Schmitz fühlt sich bestätigt, endlich. Er schreibt eine Reihe von Erzählungen und plant eine Fortsetzung seines »Zeno Cosini«. Doch er zweifelt an seinen Kräften. »Die Zeit der Illusionen ist vorbei«, erklärt er im Freundeskreis. »Ich erlebe höchstens noch einen goldenen Sonnenuntergang.« Kurz darauf, am 13. September 1928, ist er tot, gestorben an den Folgen eines Autounfalls.

Ob Dublin oder Triest, Joyce oder Svevo: Beide Städte verbeugen sich heute vor ihren berühmten Söhnen. Triest hat gleich beide Dichter ins Herz geschlossen, inniger denn je. Inzwischen rühmt man sich des berühmten Mister Joyce, den man einstmals als verschrobenen Englischlehrer und Trunkenbold verspottet hatte, und bietet Spaziergänge auf seinen Spuren an: von seinen diversen Wohnungen zur Berlitz School und seiner bevorzugten Buchhandlung und Apotheke, von seinen Stammcafés durch die Trattorien und Bars.

Eine ähnliche Tour führt zu den Schauplätzen der Romane des Italo Svevo und streift dabei auch das kleine Museum, in dem man seiner gedenkt. Eine späte Genugtuung? Das allemal. »La vita non è né brutta né bella ma è originale.« Das Leben sei weder hässlich noch schön, es sei originell. Zeno Cosini alias Italo Svevo. Hört man ihn lachen?

Die Therapie heißt Freiheit

Weg mit den Mauern! Triest und die offene Psychiatrie

Marco Cavallo will raus. Zwei Monate lang hat er in einem zur Werkstatt umfunktionierten Pavillon gelebt, nun zieht's ihn in die Welt. Doch ganz so einfach scheint's nicht zu gehen: Marco Cavallo hält sich an keine Norm. Er ist groß, riesengroß, drei Meter hoch und gut sechs Meter lang. Für ein Pferd wie ihn sind Häuser nicht gemacht. Was also tun? Die Türstöcke herausreißen, wird kurzerhand beschlossen. Marco muss endlich in die Freiheit entlassen werden.

Am 25. Februar 1973 setzt sich in Pavillon P von San Giovanni, wie das Psychiatrische Krankenhaus von Triest heißt, ein seltsamer Zug in Bewegung: Ein blaues Pferd aus Pappmaschee wird durchs Anstaltsgelände zum Tor der Klinik geschoben. Dort versammeln sich Patienten, Ärzte, Schwestern und Sympathisanten, um Marco Cavallo quer durch die Stadt nach San Vito zu bringen. Eine lärmende Karawane, begleitet von Trommeln, Gesängen und Transparenten: »La libertà è terapeutica.« Freiheit ist die Therapie. Vor der Kathedrale, dem historischen Herzen Triests, kommt der Zug zum Stoppen. Hier findet ein Volksfest statt, mit Musik, Tanz und Singspielen, mit Sketches und flammenden Reden. Danach zieht man weiter, um die Feier in einer Turnhalle fortzusetzen. An jenem Sonntag im Februar 1973 manifestiert sich auf vitale Weise, dass sich neue Wege auftun: Ein blaues Pferd wird zum Symbol für die Freiheit der Psychiatrie. Viva Marco Cavallo.

Seit den frühen siebziger Jahren des vergangenen Jahrhunderts gelten der Arzt Franco Basaglia als Lichtgestalt und Triest als Vorreiter einer beispielgebenden Reform der Psychiatrie. Sie erfasste von hier aus ganz Italien und griff auf viele Länder Europas und Amerikas über. Basaglia war es zu verdanken, dass sich viele geschlossene Anstalten von Orten der Abschiebung in Laboratorien einer neuen, humaneren Gesellschaft verwandelten. Ein Experiment mit ambitionierten Zielen: die Patienten aus ihrem Leben hinter Gitterstäben in die Freiheit einer größtmöglichen Selbstbestimmung zurückzuführen.

Die Klinik von San Giovanni stammt ursprünglich aus jenen Tagen, da die Psychiatrie eine erste zaghafte Reform durchlief. Die riesigen Schlafsäle, in denen man Patienten bisher zusammengepfercht und gewaltsam unter Kontrolle gehalten hatte, sollten kleineren Häusern weichen. Ein Stückchen Welt wollte man den Verrückten zugestehen, so der Auftrag an den Architekten Ludovico Braidotti, eine Stadt in der Stadt. Braidotti orientierte sich an Otto Wagner und dessen Entwürfen für die psychiatrische Anstalt Steinhof in

Wien. Eine Reihe von Pavillons wurde gebaut, dazu kamen eine Kapelle und ein Theatersaal, eine Wäscherei und eine Gärtnerei, untergebracht auf einem Areal von dreiundzwanzig Hektar.

San Giovanni wird 1908 eröffnet – zu einem Zeitpunkt, da Triest gerade Sigmund Freud entdeckt. Mit seinem Schüler Edoardo Weiss, der hier 1918 zu praktizieren beginnt, erlebt die Psychoanalyse eine besondere Blüte. Sie weckt, wie Claudio Magris befindet, »ein fast schon fieberhaftes kulturelles Interesse und führt zu einem neurotischen, endogam geschlossenen Kreislauf zwischen Patienten, Freunden und deren Therapeuten, die untereinander ihre Rollen tauschen und Therapie, Freundschaft und gesellschaftlichen Verkehr miteinander verwechseln«. Wer auf sich hält und es sich leisten kann, ist in Analyse. Traumdeutung, Totem und Tabu überrollen die Stadt, die ohnehin mit ihrer brüchigen Identität hadert. Das sinnstiftende gesellschaftliche Gefüge ist spätestens mit dem Ersten Weltkrieg zerbrochen. Zurück bleiben verstörte Individuen, die zumindest ihrem Ich auf die Spur zu kommen trachten.

Sigmund Freud, Edoardo Weiss, Franco Basaglia: Klemmen die Türen zum weiten Land der Seele in Triest weniger als anderswo? Basaglia, 1924 in Venedig geboren, hat in Padua studiert, geforscht und gelehrt, ehe es ihn 1961 in die Praxis zieht: Er will endlich ausprobieren, was er theoretisch erarbeitet hat. Die psychiatrische Klinik von

Görz – heute Gorizia –, fünfzig Kilometer nördlich von Triest, scheint ihm dafür der richtige Ort. Das Spital erschüttert ihn. Ein Kerker, in dem die Patienten stumm vor sich hin vegetieren, in Zwangsjacken eingeschnürt, medikamentös sediert. Unruhige werden über Wochen und Monate in Käfige gesperrt oder gefesselt, Elektroschocks dienen der Bestrafung unangepasster Kranker.

Basaglias Befund ist klar und scharf: Die Psychiatrie, so erklärt er, habe sich von der Justiz instrumentalisieren lassen und füge sich deren Direktiven. Beide arbeiteten daran, all jene Menschen, die nicht ins System passten, zu kriminalisieren und wegzusperren. Medizinische Untersuchungen entpuppten sich als Mittel der Repression, Diagnosen als Urteile, häufig lebenslänglich: Die Patienten würden in Unmündigkeit und Ohnmacht geschickt und darin gefangen gehalten. Leere Körper, die sich manisch aufzubäumen suchen und zusammenbrechen.

Ein System, gegen das sich Basaglia kraftvoll zu sperren beginnt. Zusammen mit einer Gruppe junger Ärzte, Psychologen und Soziologen entwirft er neue Behandlungsmodelle, um festgefahrene Hierarchien aufzubrechen und den Kranken Selbstbestimmung und Identität zurückzugeben. Die Ursachen psychischer Krankheiten seien nicht allein im Physiologischen zu suchen, sondern in den Lebensumständen der Patienten und in der Gesellschaft, so Basaglias Credo. Daran gelte es zu arbeiten. Der Arzt, dereinst Anwalt und Kontrollorgan des Staates, müsse fortan den Patienten und dessen Willen vertreten. Nur so könne man dessen Lethargie aufbrechen und ihm neue Perspektiven zuspielen. »Für die Rehabilitation des in unseren Anstalten dahinvegetierenden institutionalisierten Kranken ist es also vor allem nötig, dass wir uns bemühen – bevor wir einen neuen, freundlichen und menschenwürdigen Rahmen für ihn schaffen, den er gewiss auch braucht –, in ihm ein Gefühl der Auflehnung gegen die Macht zu wecken, die ihn bis dahin determiniert hat. Sobald in ihm ein derartiges Gefühl erwacht, wird die Leere, in der er jahrelang gelebt hat, sich wieder mit persönlichen Kräften der Reaktion und des Konflikts und mit einer Aggressivität füllen, über die allein seine Rehabilitation realisierbar wird.«

Als Franco Basaglia im August 1971 die Leitung des Psychiatrischen Krankenhauses von Triest übernimmt, sind dort weit über tausend Patienten dauerhaft untergebracht, die meisten werden via Zwangseinweisung festgehalten. Basaglia reagiert umgehend: In San Giovanni werden Schocktherapien abgeschafft und die medikamentöse Ruhigstellung eingeschränkt oder aufgehoben. Gleichzeitig ermuntert er die Kranken, ihre Zimmer zu verlassen und sich frühere Lebensräume zurückzuerobern.

Regelmäßige Stationsversammlungen, an denen auch die Patienten teilnehmen, lassen neue Formen der Kommunikation entstehen. Eigeninitiative wird gefördert, der Arzt als alleinige Autorität in Frage gestellt. Auf diese Weise transformieren sich die einstigen Machtverhältnisse. Die Patienten beginnen sich zu organisieren und für ihre eigene Stimme zu kämpfen. Eine Demokratisierung der Psychiatrie setzt ein. Kooperativen entstehen, mit regulären Arbeitsverträgen und einer gerechten Entlohnung. Ihnen folgen betreute Wohngemeinschaften – einige in den Pavillons, die meisten in anderen Stadtvierteln. Parallel dazu lädt man die Bevölkerung ein, San Giovanni zu erkunden, bei Konzerten, Lesungen, Theaterabenden. Die Grenze zwischen Stadt und Psychiatrie wird durchlässig.

Im Januar 1973 zieht eine Gruppe von Künstlern nach San Giovanni, um zwei Monate lang mit den Patienten zu arbeiten und zu leben. Ein Atelier, offen für jede Form kreativen Ausdrucks, könnte die Patienten aus der Apathie reißen, so die Überlegung. Doch wie schafft man es, möglichst viele von ihnen anzusprechen und zum Mitmachen zu motivieren? Vielleicht mit Hilfe einer Identifikationsfigur, so einer der Vorschläge. Einigen der Kranken fällt Marco Cavallo ein, ein alter Gaul. Er hatte am Anstaltsgelände gelebt und den Karren gezogen, auf dem die Wäsche transportiert worden war. Als er geschlachtet werden sollte, hatte sich ganz San Giovanni dagegen aufgelehnt und sein Gnadenbrot erwirkt. Und wenn man nun Marco Cavallo als Figur aus Pappmaschee wieder aufleben ließe, als Zeichen des Widerstands? Die Zustimmung ist groß.

Zusammen mit Marco Cavallo wachsen Neugier, Mut und Zusammengehörigkeitsgefühl. Durch Wandzeitungen und Flugblätter vom Fortschreiten der Arbeit informiert, finden sich immer mehr Patienten in Pavillon P ein, wo eine Werkstatt eingerichtet ist. Sie wird zum kreativen Labor. Hier wird gesungen, gedichtet und viel geredet. Puppen bekommen Biografien, in denen sich die Lebensgeschichten vieler Patienten spiegeln. Leidenschaften und Sehnsüchte artikulieren sich in Spiel und Tanz. Wirklichkeit und Fiktion durchdringen einander und eröffnen neue Erfahrungswelten. Die einstige Passivität vieler Kranker bricht langsam auf, Freundschaften entstehen, die Gespräche nehmen zu. Gleichzeitig verschaffen sich Aggressionen Raum. Zeichnungen werden zerstört, Fotos gestohlen. Doch es gelingt immer wieder, aufkeimende Unruhe und Feindseligkeit aufzulösen und sie im Miteinander zu überwinden.

Marco Cavallo wächst, sein Leib aus grauem Pappmaschee ist längst überlebensgroß. Womit man ihn füllen solle, fragen sich Künstler und Patienten, sein Bauch sei riesig. Jeder der Beteiligten versenkt einen kleinen Brief in Marcos Wanst. Darin ihre Wünsche: Reh mit Polenta, Hasensalami, ein Lied, ein Fahrrad, ein Komet. In Marcos Bauch findet vieles Platz.

Zuletzt gilt's zu überlegen, welche Farbe Marco bekommen soll. Blau – wie das unendlich weite Meer vor der Küste Triests, wie das legendäre Pferd des Franz Marc? So soll es sein. Nun ist

Marco bereit für seine Reise in die Welt. Auf sechshundert handbemalten Plakaten wird die Stadt auf den Zug der *matti*, wie man die Geisteskranken nennt, vorbereitet. Am 25. Februar 1973 soll es so weit sein. Patienten, Ärzte und Künstler geben sich kämpferisch: Sollen sie doch alle herschauen und uns begaffen, uns, das Lumpenpack aus San Giovanni. Aufbruchsstimmung macht sich breit. »Der Umzug der Verrückten, der armen Teufel, bewegte sich durch die Stadt«, erinnert sich einer der Ärzte. »Er bewegte sich durch die Stadt, wurde größer, suchte seine eigene Geschichte, seine eigene Identität, seine eigenen Wurzeln, die negiert sind, die nicht sind und nicht sein dürfen.«

An jenem Sonntag im Februar, da der Himmel über Triest blau und weit ist, scheint plötzlich vieles möglich. Am Abend, als das Fest zu Ende geht, sind alle euphorisch. Dieser Tag macht Mut. Zeitungen, Radio und Fernsehen berichten von der Aktion, das gesamte Kunstprojekt wird von Giuliano Scabia in einem Buch dokumentiert. »Das große Theater des Marco Cavallo« nennt er es, »Phantasiearbeit in der Psychiatrischen Klinik Triest«. Die Künstler ziehen ab, doch Marco Cavallo bleibt in San Giovanni zurück. In seinem Bauch steckt die Hoffnung.

Franco Basaglia kann in jenen Tagen auf sein Team zählen. Er publiziert viel, häufig zusammen mit seiner Frau Franca Ongaro Basaglia. Der Austausch mit Freunden und Kollegen aus Frankreich, England oder den USA – darunter Michel Foucault, Ronald D. Laing und Erving Goffman – macht ihn international bekannt. Aus der ganzen Welt reisen Ärzte, Interessierte und freiwillige Helfer nach Triest, um Basaglias Arbeit vor Ort kennenzulernen. Bücher wie »Was ist Psychiatrie« oder »Die negierte Institution oder Die Gemeinschaft der Ausgeschlossenen« werden zu Bibeln einer neuen Psychiatrie. Das Echo stärkt Basaglia den Rücken. Er bekommt zusätzliche Unterstützung vom christdemokratischen Präsidenten der Provinzverwaltung, Michele Zanetti, der Basaglias Programm politisch mitträgt. Man arbeitet auf mehreren Ebenen: Einerseits gilt es, die Patienten von San Giovanni auf ein Leben in Freiheit vorzubereiten, andererseits kämpft man um die Zentren für mentale Gesundheit, wie sie heißen. Die ambulante Betreuung der Kranken außerhalb der Klinikmauern ist einer der Grundpfeiler, auf die Basaglia baut.

Und doch: Was sich im Rückblick als Erfolgsgeschichte liest, bedeutet in jenen Jahren eine Übung in Geduld, Durchhaltevermögen und Zuversicht. Viele Triestiner sind überfordert. Sie wollen keine psychisch Kranken in der Nachbarwohnung, sie wollen keine Verrückten in den Straßen ihrer Stadt herumirren sehen. Wer weiß, was denen einfällt, wenn die alle frei- und losgelassen sind. Kann man sich in Triest überhaupt noch sicher fühlen? Kritiker kommen auch aus den eigenen Reihen. Es sei zu früh für hochfliegende Pläne wie die eines Franco Basaglia, viele der Ideen seien naiv und angesichts eines maroden Gesundheitssystems nicht finanzierbar. Ob man sich hier nicht versteige mit solch abgehobenen Vorhaben, das Ende der geschlossenen Anstalten zu verkünden?

Basaglia bleibt unbeirrbar – und er behält recht. Widerstände brechen langsam zusammen, das Zusammengehörigkeitsgefühl der Bevölkerung wächst, man nimmt die Kranken wieder in die Gemeinschaft auf. Triest scheint stolz auf seine Fähigkeiten, einer politischen Utopie auf die Sprünge zu helfen. Im Jahr 1977, als Franco Basaglia die Schließung von San Giovanni in Aussicht stellt, zählt man dort nur noch hunderteinunddreißig stationäre Patienten, von denen einundachtzig freiwillig da sind, als Gäste, wie sie nunmehr heißen. Es gibt Beratungsstellen, über ganz Triest verstreut, dazu psychosoziale Ambulatorien, die sich auf ein weites Spektrum therapeutischer Behandlungen stützen.

Am 13. Mai 1978 wird in Rom die *legge 180* gebilligt. Das Gesetz sieht die graduelle Auflösung der psychiatrischen Anstalten vor und verhilft den Kranken zu neuen Rechten. Genugtuung und Ansporn für Franco Basaglia: Er hat sich lange für dieses Gesetz eingesetzt. Zwei Jahre später stirbt er, unerwartet. Sein Lebenswerk geht weiter. Die *legge 180* wird in den folgenden Jahren kritisiert, angefeindet, sabotiert. Man schreit nach einer Reform der Reform. Doch die Gesellschaft ist stark genug, sich nicht mehr hinter die darin festgeschriebenen Leitlinien für die Psychiatrie zurückzubewegen. Das »Gesetz Basaglia«, wie man es nennt, lehrt den aufrechten Gang.

San Giovanni ist immer noch von hohen Mauern umschlossen, doch die Tore nach außen stehen weit offen. Die Pavillons der früheren psychiatrischen Klinik haben neue Bewohner bekommen. Studenten sind eingezogen, die Institute für Geologie und Petrografie, dazu Beratungsstellen für Suchtkranke und eine Station für Arbeitsmedizin. Im Herzen der Anstalt die Casa Rosa Luxemburg. An den Mauern die Parolen von einst: »La libertà è terapeutica.« Und ein Stück weiter oben, in einem der anderen Häuser: »La verità è revoluzionaria.« Die Lettern verblassen, die Stadt ist dabei, die ganze Anlage zu restaurieren. Könnte gut sein, dass auch die Zeichen des damaligen Aufbruchs unter frischem Putz und Anstrich verschwinden.

Und Marco Cavallo, wo ist der geblieben? Man entdeckt ihn auf der Veranda des Pavillons des Dipartimento di Salute Mentale, ein großes blaues Fabelwesen. Es hat im Getümmel seinen Kopf verloren. Doch seine Kraft scheint ungebrochen: Einer wie Marco, der braucht keinen Kopf. Das Gedankengut des Franco Basaglia lebt weiter, und mit ihm die Erinnerungen an die Öffnung der Psychiatrie, an den Auszug der Patienten, an den Ruf der Freiheit.

Wenn ein Löwe das Herz mir zerfleischt,
wenn eine Schlange mich beißt,
wenn ich suche nach dem Meer vor Shanghai oder
    vor Hongkong
oder wenn ich mich in dich verliebe:
Was unternimmst du?

So die Frage in einer der Moritaten über das Leiden der Psychiatrie.

Ich habe keine Waffe, um den Löwen zu töten,
und keinen Stock gegen die Schlange.
Nach Hongkong können wir nicht fliegen.
Wenn es überhaupt eine Antwort gibt, dann heißt
    sie: keine Kontrolle.

Viva Marco Cavallo.

Hier ist Geröll und Tod

Poesie des Steins: der Karst

Alle brauchen Wasser: die Bürger von Triest, die Seeleute auf ihren Schiffen, die Arbeiter in den Werften und Fabriken. Doch Wasser ist rar. Triest hat es nicht leicht. Vom Hinterland, dem Karst, ist nichts zu erwarten, das weiß man schon lange. Das Gestein verschluckt das Regenwasser und lässt es nicht mehr frei. Kein Fluss weit und breit, nicht einmal ein Bächlein. Schon in antiken Zeiten hatte man damit begonnen, Aquädukte zu bauen und Trinkwasser von weit her in die Stadt zu leiten. Wenn es nicht reichte, wurden riesige Eisbrocken aus den Bergen herantransportiert, um die Triestiner zu versorgen.

Doch spätestens Anfang des 19. Jahrhunderts, als der Hafen wächst und Triest als Handelsstadt zu florieren beginnt, werden die Ressourcen knapp. 1840 beginnt man sich nach einem Ingenieur umzusehen, den man auf die Suche nach Wasser ansetzen möchte. Die Wahl fällt auf Antonio Federico Lindner, einen jungen Mann mit hochfliegenden Ambitionen. Die Landkarten, die er verwendet, haben weiße Flecken, der Karst und sein Inneres sind kaum erschlossen. Immer wieder streift Lindner über die Hochebene. Er vergräbt sich in geologische Studien, in Pläne und alte Aufzeichnungen. Nichts. Seine Überlegungen werden kühner: Und wenn nun des Rätsels Lösung im Timavo steckt, einem Fluss, der unweit von Duino aus dem Gestein tritt und ein paar Kilometer weiter südlich in die Adria mündet? Und was, wenn nun dieser Timavo an einer ganz anderen Stelle entspränge als an jenem Ort, wo man bislang seine Quelle vermutete? Lindner beginnt zu rechnen und zu zeichnen. Er zieht eine Linie zwischen San Giovanni del Timavo und dem slowenischen Škocjan. Dort verschwindet ein anderes Gewässer in einem Abgrund, die Reka, wie ihn die Slowenen einfallslos genannt hatten, Fluss. Und wenn nun dieser Timavo und die Reka ein und dasselbe Gewässer wären und ihr gemeinsames Flussbett auch die Gegend von Triest streifte? Könnte ja sein, und vielleicht –? Neue Perspektiven tun sich auf. In Lindner werkt die Verwegenheit des Forschers.

Die Idee lässt ihn nicht mehr los. Eine monatelange Suche beginnt – und damit die systematische Erkundung des Karsts. Lindner und seine Helfer dringen ins Innere des Gebirges vor. Sie entdecken Grotten und Tunnel, legen verschüttete Durchgänge frei, folgen Wasserläufen und seilen sich in immer neue Tiefen ab. Das Licht der Fackeln züngelt die zerklüfteten Wände entlang. Angst ist kein guter Ratgeber. Wer zu viel Fantasie hat, den holt hier der Teufel. Nach elf Monaten der Durchbruch: Über eine Strickleiter steigt Lindner in ein Flussbett ab, dreihundertneunzehn Meter in die Tiefe. Kurz darauf hallt ein

Schrei durch den Karst: Der Timavo scheint endlich gefunden!

Triest hat Wasser – und der Karst eine neue Sensation, sein immer noch unerforschtes Dunkel. Grotten, Höhlen, Dome mit sagenhaften Tropfsteingebilden soll es dort geben, erzählt man sich. Gerüchte von fantastischen Landschaften weit unter der Erdoberfläche machen die Runde. Sie schicken die Menschen ins Abenteuer.

Schon das Wort lässt die Härte und Eigenart des Landstrichs erahnen. *Il carso*, wie der Karst auf italienisch heißt, *kras* auf Slowenisch, und auf Kroatisch *krš*: steiniger und unfruchtbarer Boden, so die Übersetzung. Karst als Ausdruck für eine geologisch spezifische Landschaftsform wird inzwischen auf der ganzen Welt verwendet. Doch der eigentliche Karst, der Ur-Karst, zieht sich von Görz über das Triestiner Hinterland bis zu den Dinarischen Alpen.

Einst haben sich hier riesige Waldflächen ausgebreitet, eine fruchtbare Hochebene, weit und grün. Bis die Römer die Wälder rund ums Mittelmeer abholzten, um Schiffe zu bauen. Die Venezianer holten sich das Holz für die Pfähle, auf denen ihre Stadt ruht. Raubbau an der Natur, die sich davon bis heute nicht erholt hat. Ein Stück geschundene Landschaft, von verhaltener Schönheit und Eigenart.

Wasser hat dem porösen Kalkstein über Jahrtausende hinweg zugesetzt und dem Felsen unverwechselbare Formen abgerungen: Karren, Schratten und Dolinen, Türme, Schlotten und Erdorgeln, dazu Trichter und Krater. Eine kantige Szenerie mit bizarren Auswüchsen. Das Auge krallt sich fest und zieht die scharfen Klüfte und Schrunden entlang. Dort, wo sich die Vegetation zurückgezogen hat, ist nichts Sanftes in dieser Landschaft, sie wirkt schroff, abweisend und unnahbar. »Hier ist Geröll und Tod. Aber wenn ein Wort aus dir geboren werden soll – küsse den wilden Thymian, der das Leben aus den Steinen saugt.« Große Worte, Scipio Slataper. Karges, unwegsames Terrain, Phantasma und Ort des Schreckens, Symbol für das Leben, das sich gegen Tod und Vergehen zur Wehr setzt. Eine weite Projektionsfläche, nicht nur für Dichter.

Auf den ersten Blick scheint der Karst ein Landstrich ohne Wasser. Regen und Schnee versickern im Gestein und fressen Gänge, Tunnel und Hohlräume heraus. Grotten, die wachsen, aber auch wieder in sich zusammenstürzen, in einem endlosen Kreislauf. Auf diese Weise ist ein weit verzweigtes, labyrinthisches Höhlensystem entstanden, durchzogen von unterirdischen Flüssen, die am Rand des Karsts an die Oberfläche drängen. Karstquellen nennt man diese Stellen – doch eigentlich liegen die Ursprünge dieser Bäche im Dunkel des Gesteins.

Könnte es sein, dass der Timavo die Menschen tatsächlich über Jahrtausende hinweg in die Irre geführt hat? Erst in San Giovanni del Duino zeigt er sich unverstellt: An drei Stellen sprudelt er aus dem Gestein, als breiter, weiß schäumender Fluss. In schnellen Wellen zieht er davon, er hat es eilig, das Meer ist nicht weit. Schon in der Antike fand sich an jener Stelle, da er an die Oberfläche drang, ein Quellheiligtum. Später erbaute man hier eine Kirche, San Giovanni in Tuba: ein schlichter romanischer Bau, umgeben von hohen Bäumen. Er thront auf den Ruinen eines frühchristlichen Gotteshauses. Unweit der heutigen Mündung des Timavo, jenseits der einstigen Römerstraße, liegt eine Höhle, und darin ein Mitras-Heiligtum, wie man es in Europa nur mehr selten findet. Ein sakraler Bezirk, dem Flussgott Timavus geweiht.

Schon Vergil hat den Ort besungen und die Quelle des Timavus mit seinen einstmals neun Wasserarmen in der Aeneis bewundert: »Wo er, mit dumpfem Getöse des Bergs, neun Schlünden entrollend,/ Geht zu brechen das Meer und den Schwall an die Felder empor braust.« Ein eindrucksvolles Bild. Und wenn nun hier, wo das Wasser aus dem Felsen schäumt, der Weg in die Unterwelt begänne, vielleicht in eine der Höllen, wie Dante vermutet hat? Der Karst sei nichts anderes als ein furchtbarer versteinerter Schrei, so Scipio Slataper. »Die Erde hat keinen Frieden, keine Fugen. Sie hat kein Feld, um sich auszubreiten. Jeder ihrer Versuche reißt und versinkt in den Abgrund. Kalte dunkle Grotten.«

Etwa dreißigtausend Höhlen soll es im Karstgebiet geben, gut dreitausend davon sind erkundet, weitere sechshundert werden jedes Jahr neu entdeckt. Die meisten sind leer, nur in einigen wenigen finden sich Spuren prähistorischer Besiedlungen. Die Grotta Gigante gilt als eine der imposantesten, mindestens so groß wie der Petersdom. Damit lässt sich Staat machen. Seit 1840 weiß man von dieser Höhle. Antonio Federico Lindner hatte die Höhle auf einem seiner Streifzüge entdeckt. Bald schon tummelten sich hier die Speläologen und selbst ernannten Höhlenforscher. Schon 1908 wurde die Grotta Gigante für Besucher freigegeben. Sie ist bis heute eine der touristischen Attraktionen dieser Gegend geblieben.

Eine Treppe führt nach unten, dann fällt die Eisentür ins Schloss. Ein schmaler Weg zieht ins Innere der Grotte, schwach beleuchtet und feucht. An den Wänden leeres Gestein, keine Blume, keine Flechte zu sehen. Und dann, kurz nach dem Mundloch, beginnt das Spektakel: Scheinwerfer gehen an. Eine Tropfsteinhöhle breitet sich aus, riesig groß, gut hundertsechzig Meter lang, über hundert Meter hoch und fünfundsechzig Meter breit. Das Auge kommt an kein Ende. Verkehrte Welt: Draußen im Tageslicht gibt sich die Natur zurückhaltend und spröd, um sich unter der Erdoberfläche in all ihrer verschwenderischen Pracht zur Schau zu stellen. Stalagmiten und Stalaktiten erschaffen immer neue Formen, finden sich zu Gruppen zusammen oder stehen für sich. Stelen streben in bizarren Auswüchsen nach oben, keine gleicht der anderen.

Dazwischen die Spuren von Bergstürzen und Einbrüchen, und wieder neue Tropfsteine, in allen Rosa-, Weiß- und Schwarztönen schillernd. Die Augen verirren sich zwischen den Gebilden, die Fantasie bekommt Beine. Wer tanzt da im Palast der Elfen? Tiere lugen um die Ecke. Ein Delfin taucht durch die Höhle, ein Adler breitet seine Schwingen aus, ein Kamel reckt seinen Kopf. Ein kleiner Buddha ruft alle zur Ruhe.

Zwei Pendel in der Mitte der Grotte holen die Besucher auf den Höhlenboden zurück. Das Institut für Geodäsie und Geophysik der Universität Triest hat hier eine Messstation installiert, um die Bewegungen der Erde und der Erdkruste zu überwachen. Der hohen Wölbung der Grotte verdankt sich eine spezielle Technik. Zwei überdimensionierte Pendel sind in der Lage, Veränderungen anzuzeigen, die mit Laborinstrumenten meist nicht erfasst werden können. Sie reagieren auf das Gewicht der Schneedecke in den Alpen, auf die unterirdischen Wasserströmungen innerhalb der Karstmasse oder auf die Gezeiten: Die Flut lässt Gebirge steigen und bewegt den Karst, unmerklich, aber doch.

Nachzuweisen sind auch Bewegungen in der Erdkruste. Das friulanische Erdbeben des Jahres 1976, eines der schlimmsten seit Menschengedenken, hatte sich hier, in der Grotta Gigante, angekündigt: Man wusste schon Wochen vor dem eigentlichen Ereignis von der Gefahr, allein das genaue Datum ließ sich nur vage voraussagen. Was hätte man also tun sollen, so die Frage der

Wissenschaft: Das gesamte Friaul für Monate evakuieren?

Die Höhlenromantik zerplatzt. Wer in die Sonne zurückkommt, blinzelt. Die Grotta Gigante liegt im Herzen des Carso Triestino. Eine Vielzahl kleiner Dörfer, manche nur ein paar Häuser groß, durchbrechen das Land. Die Farben des Herbstes blenden, ein pralles Rot, Gelb und Orange, alle Grün- und Grautöne. Ein Dickicht von Büschen und schmalwüchsigen Bäumen, ein paar Kiefern und Steineichen, manchmal nur Macchia und ein paar steppenartige Wiesen mit Felsbrocken und Steinen. Flechten kriechen den Boden entlang, Hauswurz nistet im Fels. Eine alpin anmutende Landschaft, unwirklich nahe am Meer. Luchse, Dachse und Füchse, manchmal sogar Bären und Wölfe haben hier ein Reservat, dazu seltene Vogelarten wie Wanderfalke, Uhu und Kauz. Wildnis überwuchert die Geschichte. Im Karst wurde während des Ersten Weltkriegs erbittert gekämpft, in harten Wintern, Kälte und Sturm. Wer genau hinsieht, entdeckt die Reste von Schützengräben und Bunkern.

Seen, wie etwa der Lago di Doberdò oder der Zirknitzer See kommen und gehen, je nach Jahreszeit und Witterung. Wo die Bauern im Sommer die Wiesen mähen, sieht man sie im Frühjahr beim Angeln. Felder, dem Felsen abgerungen und mit Steinmauern vor dem Wind geschützt, sind selten, nur ein paar Äcker mit Kartoffeln, Gerste und Mais. Viel Brachland, dazwischen Weinberge, in Trockentälern und auf Terrassen angelegt. Aus der Refosco-Traube gewinnt man den Terrano, einen dunkelroten, fast schon schwarzen, erdig schmeckenden Roten. Wer den Weißen bevorzugt, hält sich an Vitovska und Glera, frische, mineralisch schmeckende Weine mit feiner Säure. Einfache, aber eigenwillige Weine, die sich nach und nach ihre Wege in die Enotheken und Restaurants der umliegenden Städte bahnen.

Die Strada del Vino Terrano führt von Opicina nach Visogliano und verweist neben Trattorien auch auf die *osmizas*, wo man den lokalen Wein verkosten kann. »Osma« heißt auf slowenisch acht, und acht Tage im Jahr durften die Bauern der Gegend ihren Wein ausschenken, so das Gesetz aus dem Jahre 1784. Es stammte von Joseph II. und seinem in Wien erlassenen Dekret, das in ähnlicher Weise für die dortigen Heurigen galt. Eine Zirkularverordnung, mit der »jedermann die Erlaubnis zuteil wurde, selbst hergestellte Lebensmittel, Wein und Obstmost zu verkaufen und auszuschenken«. So ist es bis heute geblieben.

Die Dörfer im Karst sind Festungen. Nach außen hin geben sie sich verschlossen, feste Steinmauern schützen Häuser und Ställe. Man weiß sich zu rüsten gegen Eindringlinge. Deren gefährlichster ist die Bora, ein trockener, böiger Fallwind, der, wie der Dichter Srečko Kosovel schreibt, »die Bäume entwurzelt, die Schiffe versinken lässt, und Rastlosigkeit in die Seelen der Menschen bringt«. Mit bis zu hundertachtzig

Stundenkilometern rast die Bora über den Karst, manchmal nur einen Tag lang, im Winter aber auch bis zu zwei Wochen. Sie wirft sich wütend über die Hänge, verkrüppelt Bäume und Büsche, reißt Steine von den Dächern. Kaum jemand, der sich davor nicht fürchtet: Die Bora hat kriegerische Gefechte zum Erliegen gebracht und den Fuhrverkehr gelähmt, sie hat viele Tote auf dem Gewissen.

Doch sie nützt auch jenen – vielfach slowenischen – Bauern, die den *pršut* herstellen, den luftgetrockneten Schinken. Sein Geschmack ist wilder und rauer als der seines Bruders aus dem berühmten San Daniele. Im Karst ist eben manches anders: Die Schweine sind weniger fett, sie weiden auf kargem Boden. Doch in ihrem Fleisch stecken die Aromen der Karstwiesen, Rosmarin, Salbei, Melisse, auch Minze. Das schmecke man, behaupten die Aficionados. Die Schweine schlachtet man, wenn sie anderthalb bis zwei Jahre alt sind. Ihr Fleisch wird eingesalzen und gelagert und später in den offenen Dachboden gehängt, wo es trocknet. Dann soll er ruhig kommen, der Wind. Dem *pršut* tut er gut.

Der Karstschinken wird überall dort angeboten, wo ein vor dem Haus ausgehängter Efeubusch eine *osmiza* anzeigt. Ob in Prepotto, Sgonico oder Colludrozza: Hölzerne Tore sind weit offen, hinter den Steinmauern stehen Tische und Bänke im Freien oder in einfachen Schankräumen. Auf Schiefertafeln präsentiert sich das Essen: *prosciutto*, Käse, Oliven, manchmal noch eine *pancetta*, ein paar harte Eier oder ein gekochter Schinken mit Kren. Und wenn es hoch hergeht vielleicht noch eine *putizza* mit Nussfülle oder ein *struccolo de pomi*, ein Apfelstrudel. Dazu der Terrano, manchmal sogar der Blick aufs Meer. Braucht's noch mehr?

Wer im Karst lebt, bleibt in ihm gefangen. Viele gehen weg und kommen doch wieder heim. Als ob sie die Steine immer wieder zurückrufen würden. »Jeder Felsen, jeder Baum, jeder Strauch, jede/ Straße,/ ein jedes birgt seine Erzählung«, heißt es bei Srečko Kosovel. »Und der Felsen erzählt dir seine Geschichte, eine/ Geschichte über das Leben. Einerlei, ob dieses/ Leben/ ein bitteres und einsames war; es war.«

Presente, presente, presente

Heldendämmerung am Isonzo

Cormòns hat etwas zu feiern. Die ganze Stadt ist voller Plakate, kleinen, gelben Affichen. Die »Kaiser Karl Gebetsliga für den Weltfrieden« lädt ein: »Riccorrendo al secondo anniversario della beatificazione dell' imperatore Carlo d'Austria.« Zwei Jahre ist es her, seit Kaiser Karl I., der letzte Herrscher des Hauses Habsburg, am 21. Oktober 2004 in Rom selig gesprochen wurde. Dieses Ereignisses gilt es zu gedenken, mit einer Messe in der Chiesa di Rosa Mistica, an der auch die Cappella San Carlo di Gorizia teilnimmt.

Cormòns scheint immer noch kaisertreu – und Görz, das heutige Gorizia, natürlich auch. Bis zum Ende des Ersten Weltkriegs war die Provinz Gorizia Teil des k. u. k Weltreiches. Daran hält man ein klein wenig fest. Jedes Jahr wird in Giassico bei Cormòns das Kaiserfest zelebriert, immer am 18. August, dem Geburtstag des legendären Kaiser Franz Joseph. Kaum eine Buchhandlung ohne monarchistische Memorabilien, kaum ein Hotel, das nicht seinen Habsburger-Erinnerungswinkel eingerichtet hat. Von Miramare ganz zu schweigen: Hierher pilgern jene, die des unseligen Erzherzog Maximilians gedenken und sein Lustschloss in der Bucht von Grignano nahe

Triest bewundern: Maximilian, der kleine Bruder von Franz Joseph I., wurde 1864 gegen den Willen des Volkes zum Kaiser von Mexiko gekrönt, doch schon wenig später, im Juni 1867, entmachtet und standrechtlich erschossen.

Auch Kaiser Karl I., dem Großneffen von Kaiser Franz Joseph und nach dessen Tod auch sein Nachfolger, war das Glück nicht hold: Als die k. u. k. Monarchie im November 1918 vollends zusammenbrach, verzichtete er auf »jeden Anteil an den Regierungsgeschäften«. Einer wirklichen Abdankung wollte er nicht zustimmen und auch die Republik Österreich nicht anerkennen. Im März 1919 hat man ihn ins Schweizer Exil beordert. Von dort aus versuchte er zweimal, die Macht zurückzugewinnen. Vergeblich. Er und seine Familie wurden nach Madeira verbannt. Karl I. starb 1922 an einer Lungenentzündung, erst fünfunddreißig Jahre alt. Ein Märtyrer? Die Meinungen darüber klaffen weit auseinander. Er sei ein brutaler Militarist gewesen, der die Zeichen der Zeit nicht zu deuten wusste, wird ihm vorgeworfen. Alles nicht wahr, kontern seine Anhänger, im Gegenteil: Man könne Karl geradezu als Pazifisten bezeichnen. Im Friaul gibt es darüber keine Diskussionen: Die Monarchisten aus Cormòns, Görz und Gradisca d'Isonzo gehen vor ihrem Carlo d'Austria liebevoll in die Knie.

Das Erbe der Habsburger ist in diesem Teil des Friaul immer noch präsent – und mit ihm die Erinnerung an die Isonzo-Schlachten. Benannt nach dem Fluss Isonzo, wie die slowenische Soča auf italienischer Seite heißt, gehören die zwölf Gefechte im Karst zu den absurdesten und traurigsten Kapiteln des Ersten Weltkriegs: Der Versuch der Italiener, Görz, Triest und das Doberdò-Plateau zu erobern und nach Laibach vorzustoßen, mündete in eine Materialschlacht, die Hunderttausende Menschen das Leben kostete.

Als Italien, das mit den Mächten der Entente einen geheimen Vertrag unterzeichnet hatte, Österreich-Ungarn am 23. Mai 1915 den Krieg erklärt, entsteht binnen weniger Tage eine neue, fünfhundert Kilometer lange Frontlinie. Sie zieht sich vom Stilfser Joch über das Ortlergebiet, die Dolomiten und den Karnischen Kamm bis zur Adria westlich von Triest. Vier Wochen später eröffnen die Italiener die erste Schlacht am Isonzo. Wiewohl das Kräfteverhältnis mit drei zu eins gegen die Österreicher spricht und die Italiener immer neue Bataillone und Schwadrone ins Friaul befehligen, um den Gegner zum Rückzug zu zwingen, bewegt sich die Front in den folgenden beiden Jahren nur wenig.

Der Karst zeigt sich in jenen Kriegszeiten in all seiner Härte, mit Hitze und Trockenheit im Sommer und bitterer Kälte und Stürmen im Winter. »Alle Sprachen der Welt können das Scheußliche nicht schildern«, weiß der k. u. k. Soldat und Kammersänger Julius Pölzer zu berichten. »Obgleich der Boden felsig war, lag drinnen eine äußerst zähe und schmierige, braunrote Lehmschicht, welche der fortwährende Gussregen aus den Gesteinsfalten zusammengeschwemmt hatte. In dem Granattrichter stand dieser scheußliche, mit Leichenteilen wie Handfleischfetzen, Därmen, Schädeln, Rippen und halbverwesten Menschenfleischstücken untermischte Morast oft mannstief. Darin schwammen aufgedunsene Leichen herum, deren Fleisch schon in verfaulten Fetzen von den Schädelknochen fiel.«

Nördlich von Görz treffen Österreich und Italien im Gebirgskrieg aufeinander. Gräben und Kavernen werden in den Fels gehauen, in denen sich die Soldaten auf engstem Raum verschanzen. Lawinen fordern Todesopfer, das steile Gelände macht die Kämpfe zur Tortur. »Die vorderen Reihen«, so ein Augenzeuge, »wurden von den Maschinengewehren niedergemäht, rissen die nachfolgenden mit, die sich in den engen Heuwiesen kaum auf allen vieren halten konnten, sodass diese ganze Menschenmasse ins Tal rollte.« Zivilisten werden in die Gefechte verwickelt und umgebracht. Die Täler von Soča und Isonzo sind verwüstet, Dörfer in Brand gesetzt und zerstört. Die Bevölkerung flüchtet.

So sehr der Krieg auch wütet: Der Landgewinn bleibt über die Jahre hinweg klein. Im Sommer 1916 erobern die Italiener Görz, das Nizza der k. u. k. Monarchie, wie es Sigmund Freud einmal genannt hat. Ansonsten geben die Österreicher kaum Terrain frei. Das Habsburgerreich zerfällt von innen, doch Kaiser Karl I., seit Herbst 1916 Oberbefehlshaber der Armee, scheint dafür blind zu sein. Das Elend in seinem Reich bedrückt ihn, doch seine Versuche, den Frieden auf Umwegen zu erwirken, bleiben dilettantisch und erfolglos. Und so stürzt er sich in Frömmigkeit, beichtet dreimal täglich und flüchtet sich danach noch ins kaiserliche Badezimmer: Majestät leidet unter einem Waschzwang. Gleichzeitig zwingt er immer mehr Soldaten in den Krieg. Die Kampfmoral sinkt, Desertionen werden immer häufiger. Entsprechend hart sucht man durchzugreifen: Die Gerichtsbarkeit der k. u. k. Armee sollte später der deutschen Wehrmacht als Vorbild dienen.

Im Oktober 1917 setzt sich Kaiser Karl dann kurzerhand über das Völkerrecht hinweg. Er sanktioniert den Einsatz einer neuen Wunderwaffe: Am 24. Oktober 1917 um zwei Uhr nachts beginnt die zwölfte und letzte Isonzo-Schlacht mit dem Befehl, mit Phosgen und Di-Phosgen gefüllte Granaten abzufeuern. Das Tal verschwindet unter einem Nebel von Giftgas. In den Morgenstunden rückt die Infanterie nach, doch da ist die Schlacht längst geschlagen. Als Wunder von Karfreit, benannt nach einem kleinen Ort an der Soča, geht der österreichische Sieg in die Militärgeschichte ein. In den darauffolgenden Wochen durchquert das k. u. k. Heer das Friaul und stößt bis zur Piave vor, wo die Kämpfe ihre Fortsetzung finden.

Krieg auf Schritt und Tritt, so ist es bis heute geblieben. Zahlreiche Gedenkstätten, Museen und Friedhöfe lassen den Landstrich entlang des Isonzo zu einem großen Memorial-Park erstarren. Das kolossalste Monument ist das Sacrario in Redipuglia, unter Mussolini erbaut und im Namen des Faschismus als heroischer Heldengedenkplatz inszeniert. Als der Duce 1936 die Wiederherstellung des Imperium Romanum proklamiert, ordnete er die Errichtung von vierzig Heiligtümern an, die den Soldaten verewigen, ja mehr noch: verherrlichen sollen. »Ein Volk, das seine Gefallenen vergöttlicht, kann nicht geschlagen werden«, so der lauthals verkündete Leitspruch Mussolinis.

Da er selbst im September 1915 an die Isonzofront abkommandiert worden ist, liegt ihm viel daran, den Krieg in jenem Zipfel Italiens besonders zu feiern. »Der Isonzo! Nie sah ich ein tieferes Blau eines Flusses!« ist in seinem Kriegstagebuch zu lesen. »Sonderbar! Ich neige mich zum eisigen Wasser hinab und habe mit Andacht davon getrunken.« Andacht – das ist vielleicht das Wort, zusammen mit Begriffen wie Ehre, Treue und Vaterland zur Schau gestellt in einem monströsen Kriegerdenkmal, dem größten Italiens. Die Überreste von hunderttausend Soldaten ruhen in einer Anlage, die ihresgleichen sucht. Giovanni Greppi und Giannino Castiglioni haben sie entworfen und jedes Detail in den Dienst einer mörderischen Ideologie gestellt.

Eine schwere eiserne Kette, einstmals Teil des Tornadobootes Grado, markiert den Eingang zur Gedenkstätte. Gleich dahinter erstreckt sich ein leicht ansteigender Platz, gepflastert mit Steinen aus dem Karst und durchschnitten von der Via

Eroica. Drei gewaltige Tumben fesseln den Blick, die Grabmäler der wichtigsten Kommandanten. Daran anschließend eine steinerne Treppe, die in breiten Stufen nach oben zieht und am Gipfel des Monte Sei Busi endet, einem der am härtesten umkämpften Berge des Karsts. Auf jeder Stufe eine Vielzahl kleiner Tafeln mit den alphabetisch aufgelisteten Namen der Gefallenen. Die Treppen laufen auf drei massive Kreuze zu, dahinter ist nur mehr Himmel zu sehen. Eine gigantische und gigantisch schreckliche Inszenierung, pompös, Furcht einflößend, selbstbewusst.

Ein Bild wie vom Aufmarsch einer riesigen Truppenformation. Über den Namensreihen das Wort »Presente«, »Hier!«, wieder und wieder in den Stein gehauen. Alle sind angetreten, keiner ist vergessen, keiner entkommt der Berufung. Presente: Die Losung des Faschismus. Ursprünglich eine Idee von Gabriele D'Annunzio: Einer steht für den anderen ein, niemand drückt sich vor der Verantwortung.

Ein Monument macht sprachlos, weil seine Sprache so laut und gellend ist. Es feiert den Soldaten und lässt dessen Leid unter dem Beton verschwinden. Der Krieg gerinnt zur fast schon aseptisch anmutenden Heldensaga. Nichts mehr zu spüren von dem mit Leichenteilen durchsetzten Morast, dem Durst, dem Wahnsinn. Alles begraben. Doch nicht alle Soldaten sind zum Schweigen zu bringen.

Im Hinterhalt
in diesen Eingeweiden
von Trümmern
habe Stunden um Stunden
ich dahingeschleppt
mein Gerippe
abgenutzt vom Schlamm
wie eine Sohle
oder wie ein
Weißdornsame ...

So Giuseppe Ungaretti, der selbst am Isonzo stationiert war.

Ungaretti
Schmerzensmann
dir genügt eine Illusion
um dir Mut zu machen

Ein Scheinwerfer
von dort
legt ein Meer
in den Nebel

Karl I. sei ein friedfertiger Kaiser gewesen, beteuern seine Anhänger im Chor mit der Gebetsliga. Wenn nur seine Versuche, wieder an die Macht zu kommen, nicht gescheitert wären, dann, ja dann hätte er zeigen können, was in ihm steckte. »Gewiss, ein Monarch kann auf Regierungsdauer ein Trottel sein, das widerstreitet nicht monarchistischem Gedanken«, spottete Karl Kraus schon in den zwanziger Jahren des vergangenen Jahrhunderts. »Wenn er sich aber auch in der Zeit, da er kein Monarch mehr ist, wie ein Trottel benimmt, nämlich durch die Art, wie er wieder ein Monarch werden möchte, so sollte man doch meinen, dass auch die Anhänger des monarchistischen Gedankens ihm die Eignung hierzu absprechen müssten.«

Schon 1925 begannen die Bewunderer Karls I., die Seligsprechung des Kaisers zu betreiben. Selbst das dafür erforderliche Wunder konnte man schließlich nachweisen: die Heilung einer in Brasilien lebenden, polnischstämmigen Nonne, die Karl im Gebet angerufen hatte und daraufhin ihrer Krampfadern ledig war. Giftgas? Ja natürlich, er habe davon gewusst. Aber wirklich gewollt habe er den Einsatz ja nicht. Natürlich nicht, und an sich selbst hat er nie gedacht. Nun ist er selig, das immerhin. *Presente. Presente. Presente.*

Wer, wenn ich schrie, hörte mich?

Rilke, Schloss Duino und die Eingebungen von oben

Er sei's nicht gewesen, beteuert der Dichter. Mit Nachdruck, und immer wieder. Eine fremde Stimme habe ihm die ersten Zeilen seines Herz-Werks eingegeben. »Wer, wenn ich schrie, hörte mich denn aus der Engel Ordnungen?« Das müsse der Gott der Elegien gewesen sein, der da zu ihm gesprochen habe. Rainer Maria Rilke ist sich ganz sicher. Allein diesem seien die »Duineser Elegien« zu verdanken.

Dass sich ihm, nach längerem Warten, eine Nachtigall nähert, hat er schon Tage vor jenem Erlebnis gespürt. Wochen und Monate hat er als Gast der Familie von Thurn und Taxis auf Schloss Duino verbracht, um sich zu erholen und zu neuer Schaffenskraft zu finden. Wiewohl, die Inspiration will sich nicht einstellen. Bis zu jenem Tag, dem legendären 21. Januar 1912, da ihn der Unmut über die Beantwortung eines lästigen Geschäftsbriefs vom Schreibtisch und aus seinem Zimmer treibt. Die Sonne scheint auf das silbern glänzende Meer, Windböen jagen um das Schloss. Rilke steigt zu den Bastionen ab. Dort, etwa zweihundert Meter über den Fluten, so Rilke, sei ihm aus dem Brausen der Bora eine Stimme entgegengekommen. Er habe, so berichtete er, diese

Zeilen umgehend in seinem Notizbuch festgehalten, um sie nicht zu verlieren. Schon wenig später – weitere Verse. Und des Abends, zurück in seinem Zimmer, sei dann die erste Elegie vollendet gewesen. Eine Offenbarung. Und es geht noch weiter: Ende Januar und Anfang Februar fallen ihm neue Strophen zu, die zweite Elegie, die Anfänge der dritten, der sechsten, der neunten und ein paar weitere Bruchstücke, die er noch nicht zuzuordnen weiß. Und schließlich noch der Beginn der zehnten. Eines der bedeutendsten lyrischen Werke der deutschsprachigen Literatur ist geboren, die »Duineser Elegien«, zur Welt gekommen in einem Schloss nahe Triest.

Ein besonderer Ort? Das allemal. Wie ein Versprechen thront der Ansitz auf einer Klippe. Unten, an der Küste, schlagen die Wellen an den Fels, oben thront eine Burg und streckt ihre Mauern in den Himmel. Von hier aus findet der Blick weite Wege: Er zieht über den Golf von Panzano, verliert sich im Meer, ankert an der istrischen Küste und in der Bucht von Triest und kommt erst in den Höhenzügen des Karsts zur Ruhe.

Die Geschichte von Duino und seiner Besitzer ist typisch fürs Friaul und seine zahlreichen adeligen Familien, für deren Besitztümer und die verschlungenen Linien der Erbfolge. Schon der heutige Turm, sagt man, stehe auf historisch bedeutsamem Boden, auf den Ruinen einer Befestigungsanlage aus jener Zeit um etwa 180 vor Christus, da die Römer die in Oberitalien lebenden Kelten zu vertreiben suchten. Sie gründeten Aquileia und bauten eine Straße nach Tergeste, dem heutigen Triest, und weiter nach Istrien.

Von einem Schloss Duino weiß man seit dem Mittelalter. Damals bewohnen die Herren von Tybein, ein wahrscheinlich karolingisches Adelsgeschlecht, ein Anwesen an der Küste. Doch Hugo VI. (1344–1391), zu Ansehen und Vermögen gekommen, erachtet sein altes Zuhause als zu eng und wenig repräsentativ. Und so lässt er auf dem gegenüberliegenden Felsvorsprung ein neues Schloss errichten. Es wird immer weiter ausgebaut, ehe es in der Renaissance seine heutige Form bekommt. Nach dem Aussterben der Tybeins gelangt Duino über die von Wallsees in die Hand der Habsburger, die es verschiedenen Burgherren überschreiben, ehe es schließlich im Besitz der della Torre-Hofer-Valsassinas landet. Deren Herrschaftsbereich erstreckt sich bald schon über achtundvierzig Dörfer des Friaul und zwei Seehäfen, ihnen untersteht die Gerichtsbarkeit für Cormòns und Mariano. Entsprechend prächtig gestaltet sich das Innere von Duino. Mitte des 19. Jahrhunderts sterben die della Torre-Hofer-Valsassinas aus und müssen den Hohenlohe-Waldenburg-Schillingsfürsts das Schloss überlassen.

Womit nun die Jahrhunderte durchmessen und die Geburt der Tochter Marie anzuzeigen wäre. Sie heiratet einen entfernten Vetter, den Prinzen Alexander von Thurn und Taxis, dessen Ahnenlinie auf die italienischen della Torres zurückgeht, und bringt Duino in die Ehe mit und in die Familie seiner früheren Besitzer zurück. Schon Maries Mutter, Teresa Hohenlohe-Waldenburg-Schillingsfürst, hat sich gerne mit Künstlern umgeben. Franz Liszt hat eines ihrer Gedichte vertont, Johann Strauß für sie musiziert. Tochter Marie von Thurn und Taxis bewegt sich zwischen den Besitzungen in Duino, Venedig und im böhmischen Lautschin, um dort ihrer Leidenschaft, der Kunst, zu frönen. »Marie von Thurn und Taxis«, so Rudolf Kassner, Philosoph und enger Freund Rilkes, »war zunächst einmal das, was man eben große Dame nennt, sie war es im eminenten Sinne, und es hat wohl auf alle Menschen, die ihr nahe kamen als solches gewirkt.«

In jenem Dezember 1909, da Marie von Thurn und Taxis und Rainer Maria Rilke einander in Paris beim Tee im Salon der Comtesse de Noailles kennenlernen, hat der Dichter gerade erst seine »Aufzeichnungen des Malte Laurids Brigge« beendet. Seit Veröffentlichung des »Stundenbuchs« gilt er als einer der bedeutendsten Lyriker seiner Tage. Die Türen zu Palais und Schlössern stehen ihm offen, er selbst sucht den Kontakt zum Adel und über diesen die Verbindung zur europäischen Geistes- und Kulturgeschichte. »Ich war angenehm überrascht, zugleich aber auch ein wenig enttäuscht«, schreibt Marie von Thurn und Taxis über diese erste Begegnung, »denn ich hatte ihn mir ganz anders vorgestellt – nicht diesen ganz jungen Menschen, der fast wie ein Kind aussah; er erschien mir im ersten Augenblick sehr hässlich, zugleich aber sehr sympathisch. Äußerst schüchtern, aber von ausgezeichneten Umgangsformen und einer seltenen Vornehmheit.«

Wenige Monate später, im April 1910, ist Rilke erstmals in Duino zu Gast. Kurz darauf ist man in Venedig, dann in Lautschin verabredet. »Mir schien«, so schrieb Marie von Thurn und Taxis über diese Treffen, »als hätten wir uns schon von jeher gekannt, nichts Fremdes stand zwischen uns.«

Seit seinem ersten Besuch hat sich Rilke nach Duino zurückgeträumt, »fort, fort und in der Entrückung wohnen«. Im Oktober 1911 trifft er zum zweitenmal dort ein. »Sollen Sie auch gleich wissen, wo ich bin«, schreibt er an Hedwig Fischer, die Frau seines Verlegers, »bei meinen Freunden in diesem immens ans Meer hingetürmten Schloss, das wie ein Vorgebirg menschlichen Daseins mit manchen seiner Fenster (darunter mit einem meinigen) in den offensten Meerraum hinaussieht, unmittelbar ins All möchte man sagen und in seine generösen, über alles hinausgehenden Schauspiele, – während innere Fenster anderen Niveaus in still eingeschlossene alte Burghöfe blicken, darin spätere Zeiten um alte Römermauern die Milderungen barocker Balustraden und mit sich selbst spielender Figuren gewunden haben. Dahinter aber, wenn man aus allen den sicheren Toren hinaustritt, hebt sich, nicht weniger unwegsam denn das Meer, der leere Karst, und das so von allem Kleineren ausgeräumte Auge fasst eine besondere Rührung zu dem kleineren Burggarten, der dort, wo das Schloss nicht ganz den Abhang bildet, wie die Brandung sich hinunterversucht, und der Wildpark, der den nächsten Ufervorsprung für sich ausnutzt, kommt zu Bedeutung; an ihm liegt, verstürzt und hohl, der noch ältere Burgbau, der diesem schon unvordenklichen Schloss noch voranging und an dessen Vorsprüngen, der Überlieferung nach, Dante verweilt haben soll.«

Ein verheißungsvoller Ort für einen Dichter, der sich kraftlos und in einer Schaffenskrise wähnt. Rilkes Erwartungen an Duino sind groß, doch die herbeigesehnte Inspiration lässt auf sich warten. Marie von Thurn und Taxis versucht ihn zu beschäftigen. Die beiden lesen Dantes »Vita Nuova«, sie lässt ihn die Vitrinen der Salons neu ordnen und in die Familiengeschichte abtauchen. Man probiert's mit spiritistischen Sitzungen, mit vegetarischer Kost, mit Musik. Vergeblich. Wochen vergehen. Rilke verzweifelt. Er sei nahe daran, sich sogar einer Psychoanalyse zu unterziehen, schreibt er an Lou Andreas-Salomé, er schrecke davor aber doch zurück, weil er das »Aufgeräumtwerden« scheue: »Etwas wie eine desinfizierte Seele kommt dabei heraus.« Mitte Januar, endlich, die ersten Verse: das »Marienleben«, eine subtile Parodie auf die Figuren der christlichen Heilslehre.

Und dann, am 21. Januar 1912, die Begegnung mit dem Gott der Elegien. Er gibt ihm, so Rilke, die Eingebung für sein Hauptwerk und damit für den poetischen Versuch, den Begriff des Lebens über alle denkbaren Grenzen hinaus auszudehnen, bis hin zu dessen Widerpart, dem Tod. Die Dichtung wird zur Möglichkeit des Widerstands, um das vergangene und das vergehende Leben zu bewahren und in eine geistige Existenzform zu verwandeln.

Rilkes »Duineser Elegien« zählen zu den verschlossensten und geheimnisvollsten Gedichtzyklen der deutschsprachigen Literatur: eigenwillig im sprachlichen Duktus, kühn in der Metaphorik, unzugänglich in den Bezügen und Symbolen. Sein Meisterwerk, wie Rilke selbst zu erkennen meint. Vorerst bleibt es Fragment. Denn so sehr sie Rilke auch herbeisehnt: Die fremde Stimme schweigt, sie lehrt ihn Demut und Geduld. Im Mai 1912 reist Rilke aus Duino ab, um Mitte September nochmals für drei Wochen hier einzukehren. Sein nächster Besuch fällt in den Frühling 1914. Kurz darauf bekommen Marie und Alexander von Thurn und Taxis erlauchten Besuch: Der österreichische Thronfolger, Erzherzog Franz Ferdinand, und seine Gattin Sophie treffen mit ihrer Entourage in Duino ein, um dort zu dinieren und zu nächtigen. Am Tag darauf reisen sie nach Bosnien weiter, um dem Abschuss eines Manövers des k. u. k. XV. und XVI. Korps beizuwohnen. Am 28. Juni fallen die beiden in Sarajewo einem Attentat zum Opfer, das in der Folge den Ersten Weltkrieg auslöst.

Duino gerät direkt in die Kampflinie. Wiewohl es Absichtserklärungen gegeben hat, das

Schloss zu verschonen, wird es Anfang 1916 von den Italienern bombardiert. Marie von Thurn und Taxis muss von einem Triestiner Hotelzimmer aus mitansehen, wie das Gemäuer in sich zusammenstürzt. Allein das Treppenhaus mit seiner Wendeltreppe, entstanden nach einem Plan Andrea Palladios, bleibt stehen. Ein Zeichen für die Familie. Sie beschließt, Duino nach alten Plänen wieder aufbauen zu lassen: Maries Sohn ist mit einer der Erbinnen der Johnnie-Walker-Dynastie verheiratet, von dort fließt Geld nach Italien.

Duino hat das Glück, während des Zweiten Weltkriegs nicht nochmals zerstört zu werden. Gegen ungebetene Gäste freilich kann man sich nicht wehren: Zuerst quartieren sich Soldaten der deutschen Kriegsmarine hier ein, später Titos Partisanen, schließlich die Alliierten, die von hier aus die Zone A des Freistaates Triest observieren. In den siebziger und achtziger Jahren werden die finanziellen Ressourcen derer von Thurn und Taxis – oder della Torre e Tasso, wie sie nun wieder heißen – knapp. Die Erhaltung des Schlosses verschlingt Unsummen. Als erster Schritt in Richtung Verkauf wird der Haushalt aufgelöst und das Inventar versteigert. Doch die Veräußerung des leeren Anwesens erweist sich als diffizil, was den Besitzer schließlich zu einer neuen Idee bewegt: Er versucht, all jene Stücke zurückzukaufen, die schon versteigert sind, um das Schloss fortan der Öffentlichkeit als Museum und Konferenzzentrum zugänglich zu machen.

Ist es die Bora, die den Menschen dieser Gegend so viel Durchhaltevermögen gibt? Der Stolz auf Herkunft und Tradition? In den gläsernen Vitrinen präsentieren sich Dokumente aus der Familiengeschichte: Briefe von Hofmannsthal, Mark Twain oder Gabriele D'Annunzio neben den Kinderzeichnungen des Principe Raymond della Torre e Tasso und seltenen Briefmarken. Daneben die Bücher der Marie Bonaparte, der Großmutter des jetzigen Schlossherrn und Freundin Sigmund Freuds. »Topsy – Le ragioni di un amore« – eine Liebeserklärung an den Lieblingshund Freuds. Adelsdekrete, Einladungen zu Soireen, die Programme der Speise- und Festfolgen von Kostümfesten und Banketten und ungezählte Stammbäume, die bis in alle bedeutenden Häuser Europas zu reichen scheinen, in die Wohnzimmer der Romanows, Bourbon-Parmas und Habsburgs, in die Boudoirs der griechischen, englischen und belgischen Royals.

Eine Familie stellt sich dar. Und mittendrin ihr wohl berühmtester Gast, Rainer Maria Rilke. Nach ihm hat man nicht nur den malerischen Klippenweg von Aurisana nach Duino benannt, ihm begegnet man auch im Inneren des Schlosses. Bücher, Fotos und Briefe hinter Glas, der rote Salon, der des Poeten liebstes Zimmer gewesen sein soll. Hier steht auch jenes Pianoforte, auf dem schon Liszt musiziert hat. Und schließlich die Rilke-Terrasse, eine üppig begrünte Loggia mit spektakulärem Blick aufs Meer.

Nach Duino ist er nach 1914 zwar nie mehr

zurückgekehrt, doch die Verbindung zu Marie von Thurn und Taxis blieb bis zu seinem Tod im Dezember 1926 bestehen. Sie war keine von Rilkes schöngeistigen Verehrerinnen, die sich im Licht seiner Kunst zu sonnen suchten. Im Gegenteil: Marie von Turn und Taxis sei eine bodenständige Frau gewesen, erzählt man sich. Sie begleitet Rilke als mütterliche Freundin. Und so gesteht er's ihr auch zu, sein mitunter abgehobenes Gedankengebäude immer wieder auf den Boden zurückzuholen. Als er ihr im Juni 1921 verzweifelt gesteht, er sei nun entschlossen, die zu seinem Leidwesen unvollendet gebliebenen Elegien als Fragment zu veröffentlichen, bringt sie ihren Dottor Serafico, wie sie ihn nennt, händeringend davon ab. »Um Gottes willen, Serafico, tun Sie das ja nicht! Unter keiner Bedingung – die Elegien müssen vollendet werden – und sie werden es – ich schwöre es Ihnen – warten Sie nur, warten Sie ... ich weiß, dass es kommen muss ...« Und es kommt. Zwischen dem 7. und dem 11. Februar 1922, mehr als zehn Jahre nach seiner ersten Begegnung mit dem Duineser Elegien-Gott, hört er ihn wieder, diesmal im Château de Muzot im schweizerischen Wallis.

Am Abend des 11. Februar kann Rilke seiner Freundin Marie von Thurn und Taxis die Vollendung seines Herz-Werks vermelden. »Endlich, Fürstin, endlich, der gesegnete, wie gesegnete Tag, da ich Ihnen den Abschluss – so weit ich sehe – der Elegien anzeigen kann. Zehn! Von der letzten, großen: (zu dem, in Duino einst, begonnenen Anfang: ›Dass ich dereinst, am Ausgang der grimmigen Einsicht,/ Jubel und Ruhm aufsinge zustimmenden Engeln …‹), von dieser letzten, die ja auch, damals schon, gemeint war, die letzte zu sein, – von dieser – zittert mir noch die Hand! Eben, Samstag, den elften, um sechs Uhr abends, ist sie fertig! – Alles in ein paar Tagen, es war ein namenloser Sturm, ein Orkan im Geist (wie damals auf Duino), alles, was Faser in mir ist und Geweb, hat gekracht, – an Essen war nicht zu denken, Gott weiß, wer mich genährt hat. Aber nun *ists*. Ist. Ist. Amen.« Dem Himmel sei Dank.

Flut, Ebbe, Flut

In der Lagune von Grado gehen die Uhren anders

Natürlich hat jeder seinen Kalender, auch in Grado. Taschenkalender, Wandkalender, Filofax. Auch Licio Visca hat einen. Doch seiner zeigt ganz spezielle Daten. Licio ist Fischer und sein *calendario delle maree* fast noch wichtiger als Boot, Angel und Netz: Seine Tage richten sich nach dem Meer und den Gezeiten, nach den Berechnungen von Ebbe und Flut.

In Grado gehen die Uhren anders, nicht nur für Licio Visca und die dreihundert anderen Fischer. Wer hier lebt, auf der Nehrung zwischen Festland und Meer, fühlt sich als Insulaner, dem übrigen Friaul nicht wirklich verbunden oder verwandt. Der Stammbaum weist westwärts: Grado sei die Mutter von Venedig, heißt es. Die Sprache der Gradeser ähnelt dem Venezianischen, das Leben ist auf die Lagune und aufs Meer hin ausgerichtet. Beide Städte haben sich entwickelt, als die Menschen am Festland bedroht wurden und den Rückzug aufs Wasser antraten, auf jene Sandbänke und Inselchen, die das Meer freigab. Hier, wo keine Schiffe ankern konnten und unwägbare Kanäle und Sümpfe die Wege erschwerten, brachte man sich vor Feinden und Invasoren in Sicherheit.

Grado stand lange Zeit im Schatten von Aquileia, einer der mächtigsten Städte des Imperium Romanum. Um 180 vor Christus gegründet und als Bollwerk gegen Karnien befestigt, wurde Aquileia bald schon zum strategischen und wirtschaftlichen Zentrum Norditaliens und zur Hauptstadt der Provinz Venetia et Histria. Von hier aus starteten die Römer zu Feldzügen, hier zeigten sie Selbstbewusstsein und Macht. Neben den Häusern und militärischen Anlagen gab es ein Theater, ein Stadion und Thermen. Dazu einen Hafen, der sich der Welt öffnete. Händler und Seefahrer brachten Sprachen, Religionen und Kunstgüter aus dem Orient mit, Künstler legten die Kirchen mit prachtvollen Mosaiken aus. Sie spiegeln den Glauben des frühen Christentums, das hier auf fruchtbaren Boden traf: Der Herrschaftsbereich der jungen Diözese dehnte sich bald schon bis zu den Alpen hin aus. Doch mit der Veränderung der Lagune – größere Schiffe konnten den Hafen nicht mehr anlaufen – verlor die Stadt an Bedeutung. Als dann auch noch die Hunnen und Goten über das Friaul hereinbrachen, flüchtete der Klerus nach Grado, um nach deren Abzug nochmals nach Aquileia zurückzukehren. Erst nach dem Einfall der Langobarden und innerkirchlichen Streitigkeiten entschied sich die beiden Patriarchen längerfristig für einen Bischofssitz: Der eine residierte fortan in Cormòns und später Cividale, der andere in Grado.

Aquileia verfällt, doch Grado, das nunmehrige Aquileia nova, erlebt eine Blüte. Bis die Karawane weiterzieht – diesmal nach Riva alta, nach Rialto, einer kleinen Insel im Herzen der Lagune von Venedig. Um 1156 übersiedelt auch der Patriarch von Grado in die Serenissima, und mit ihm die Macht. Grado fällt in den Rang einer Provinzstadt zurück. Doch sie hat ihre Geschichte bewahrt, bis heute. Der Dom Sant'Eufemia, ehemals Sitz des Patriarchen, mit seinen Bodenmosaiken, der romanischen Kanzel und dem angrenzenden Baptisterium, die Kirche Santa Maria delle Grazie und die Reste der Basilika San Giovanni: unverwechselbare Zeugnisse frühchristlicher Kunst. Wie Findlinge thronen sie in der Altstadt, umgeben von einem Gewirr kleiner Gassen und Durchgänge, mittelalterlicher Loggien, Portale und Türme.

Entlang der breiteren Straßen Boutiquen, Trattorien und Gelaterias, ein Lärmen bis in die Nacht hinein. Grado zählt zu den beliebten Ferienkolonien der Österreicher, Deutschen und Italiener. Seit 1936 gibt es eine Brücke, die das Festland mit der *città vecchia* und den Sandstränden verbindet. Die Anreise ist bequemer geworden, die Touristenströme reißen nicht mehr ab. Nur im Winter, wenn Feuchtigkeit und Wind durch Mauern und Gebälk ziehen, gehört die Stadt den Gradesern allein.

Milchiges Dezemberlicht liegt über dem Wasser. Ein ganz eigener Kosmos, die Lagune von Grado. Niemandsland, über zwölftausend Hektar groß, nicht Land, nicht Meer, still, geheimnisvoll, unergründlich. Flache Wasserstücke, kaum mehr als einen Meter tief, Inseln und Kanäle zwischen Küste und Sandbänken. Ein Rückzugsort für Reiher, Seeadler und Kormorane, für Stockenten und Rohrhühner. Ab und zu ein Boot, das träg übers Wasser zieht. Früher einmal haben die Fischer an den Ufern der Laguneninseln geankert, wo ihre Familien in einfachen Hütten lebten, den *casoni*: nur ein Raum, mit Kochstelle, Tisch und Nachtlager. Alles, was die Umgebung hergab, wurde für den Bau verwendet, Schilf, Weidenruten, Stroh, etwas Holz. Häuser wie Zellen. Die meisten sind heute verlassen, nur ein paar von ihnen stehen geblieben – für jene, die sich ein ruhiges Wochenende gönnen, oder auch für Ausflügler auf ihren Fahrten durch die Lagune.

Den Fischern von heute sind die Wohnungen und Häuser in Grado viel lieber. Ihre Boote lagern im Porto Mandracchio und an den zahlreichen privaten Anlegestellen. Von dort aus gehen sie auf Fahrt. Er sei meistens mit einem Freund unterwegs, erklärt Licio Visca, und zwar auf einer *batela*, einem der typischen Lagunenboote: ein gut sechs Meter langes, grünes Schiff, robust und leicht zu navigieren. Bis in die fünfziger Jahre des vergangenen Jahrhunderts sind die Fischer mit Ruder- und Segelbooten unterwegs gewesen, heute tuckern sie in kleinen Schiffen mit Außenbordmotoren durch die Lagune.

In einer Fabrik zu arbeiten, in einem Büro, unter den strengen Augen eines Chefs? Nein, das sei nichts für ihn. Licio lacht. Kurze Hosen, ein kariertes Hemd, blau blitzende Augen, ein paar graue Strähnen im dunkelblonden Haar. Der Schalk sitzt ihm im Nacken. Er wirkt entspannt. Schon sein Vater habe geangelt, aber das nur als Hobby und in der Freizeit. Als der Sohn zwölf ist, bekommt er seine erste *batela*. Seit fünfzehn Jahren ist das Fischen sein Beruf – und zugleich Berufung: Er ist mit ganzem Herzen dabei, gesteht Licio, anders geht es nicht. Die Passion sei wichtig, gerade auch, weil die Arbeit hart sei. Am späteren Nachmittag oder frühen Abend fährt er hinaus, um die Netze auszulegen, dann kehrt er nach Grado zurück. Zwischen vier und fünf Uhr früh werden die Netze wieder eingeholt. Und das fünf bis sechs Tage in der Woche, manchmal auch zehn hintereinander, je nach Wetter, Kalender und Jahreszeit. Natürlich sei er auch im Winter in der Lagune, erklärt Licio, manchmal auch die ganze Nacht über. Das sei oft hart.

Ob *alta marea* oder *bassa*: Man muss wissen, wie man damit umgeht. Bei Flut kann man in den meisten Teilen der Lagune fischen, bei Ebbe nur in den Kanälen, in denen das Wasser steht. Kann's auch gefährlich werden in diesem seichten Gewässer? *Ma si, certamente.* Jahrelange Erfahrung gehört dazu, die sei essenziell, meint Licio: um zu spüren, was in der Luft liegt, um alle Zeichen des Himmels richtig zu deuten. Bei Sturm und Gewitter gilt's aufzupassen. Bora und Schirokko haben eigene Gesetze, mit ihnen ist nicht zu spaßen. Weiße Kreuze auf einer der Inseln vor Grado erinnern an zwei Fischer, die in einem dieser Unwetter umgekommen sind.

Früher einmal, weiß Licio Visca, habe man in der Lagune sogar mit der Hand gefischt. Bei Ebbe suchte man die Fische aus den unterirdischen Kanälen zu fangen, in denen sie sich versteckt hielten. Aber das sei wirklich lange her, meint Licio. Er selbst verwendet Netze und Angel. Aal, See- und Wolfsbarsch seien ihm am liebsten, erzählt er, bei ihm zu Hause komme der *branzino* fast täglich auf den Tisch. Die übrige Beute bringt er zum *mercato all'ingrosso*, dem Großmarkt. Von dort wird sie weiterverkauft, direkt an die Hotels und Restaurants oder an die Händler, die Fische und Meeresgetier in der Markthalle von Grado feilbieten.

Auf den Speisekarten der Trattorien und Fischlokale von Grado die typischen Gerichte der Lagune. Der *boreto* zum Beispiel, die Aalsuppe nach Gradeser Art: Ein Kilogramm Aal, ausgenommen, enthäutet und gewaschen, schneidet man in fünf Zentimeter große Stücke. Öl und Knoblauch werden in einem Topf erhitzt, der Fisch gesalzen und angebraten, mit Wasser übergossen, gepfeffert und zehn Minuten geköchelt. Oder auch die *sepie in tegame*, in Öl, Butter und Milch gedünstete Tintenfische. Das Friaul liegt am Meer.

In der Lagune leben Traditionen weiter. Das große Feuerwerk im August, die Entenjagd im Herbst, der »Perdòn di Barbana« zu Beginn des

Sommers: Am ersten Sonntag jedes Juli fahren die Fischer zur Insel Barbana, eine Prozession von Booten, der Gottesmutter zu Ehren. Man folgt einem Versprechen aus dem Jahr 1237: Maria soll es gewesen sein, die Grado vor einer Pestepidemie bewahrt hat. An die Legende glaubt nicht jeder, doch die Aura des Ortes spüren viele. Die Mauern der Kirche stehen auf den Grundfesten eines Tempels für Belenus, einer karnisch-keltischen Gottheit. Ein heidnischer Kultplatz, den man später zu einem christlichen Heiligtum umwidmete. Und dann das Wunder: Im 6. Jahrhundert, so heißt es, sei ein Sturm über die Laguneninsel gerast. Alle Gebäude, auch die Kirche, werden zerstört, allein ein Marienbild kann man zwischen den Zweigen einer Ulme bergen. Ein Zeichen Gottes, ein Wallfahrtsort ist geboren.

Die Madonna di Barbana wird bis heute verehrt: eine Muttergottes im blauen Mantel, das Jesuskind auf dem Arm, eine goldene Krone auf dem braunen Haar. Unter ihrem Mantel duckt sich die Menschheit. Entlang der Wände des Santuario die Votivtafeln: Fotos von Autowracks, zerbeulten Fahrrädern und kaputten Motorrollern, darunter die Konterfeis der Geretteten, strahlende Gesichter, die Hände und Beine, manchmal auch Köpfe unter Gips und Verband versteckt: *Grazie*, Maria. Daneben das Meer in Öl und auf Leinwand, Schiffe im Sturm, Menschen, die über das Deck segeln und für immer in der Gischt verschwinden.

Auch die Lagune entzieht sich, sie verschließt

ihre Geheimnisse. Der Meeresspiegel steigt, und mit ihm auch das Wasser zwischen Grado und Festland. Viele der kleinen Inseln versinken nach und nach. Irgendwo unten, im Sand und Schlick der Kanäle, verbergen sich Schätze: römische Amphoren, die Reste einer antiken Straße, die Karkassen gesunkener Schiffe, die Mauern mittelalterlicher Kirchen und Klöster.

Das Wissen um die unergründlichen Strömungen und den Lauf unterirdischer Flüsse, das Licht auf dem Wasser, gespiegelt in den Wellen: Das entrückt. Zufall, dass Pier Paolo Pasolini die ersten Szenen seiner »Medea« hier gedreht hat, wo Gegenwart und Vergangenheit so eng beisammen liegen?

Ohne Leidenschaft könne niemand ein guter Fischer werden, erklärt Licio Visca. Man müsse schon einiges aushalten, um sich in diesem Beruf durchzusetzen, da müsse das übrige Leben oft zurückstecken. Doch ein Leben ohne die Lagune könne er sich ohnehin nicht vorstellen. Nirgendwo sonst fühle er sich so frei und der Natur so nahe.

Natürlich gebe es in Grado auch andere Möglichkeiten, sein Geld zu verdienen. Licio grinst. Da gebe es zum Beispiel das kleine Hotel seiner Mutter. Und natürlich wünsche sie sich, dass er das übernimmt und weiterführt. Vielleicht, irgendwann. Doch seine eigentlichen Wege liegen anderswo. Canal Biero, Fondào de le Oche, Marina de le Ghire, Promero, wie es beim Dichter

Giovanni Marchesan heißt. Tapo Rabante, Rio Bueo, Velma Persa, Arzine Luseo, Rio dei Gui, Al Groto, Le Molo, Gorgo. Wer die Sprache der Lagune kennt, kommt nicht so leicht frei, den hält sie gefangen. Und wer den Spuren des Wassers folgt, kann an Land nur stolpern.

Für G. und H.

In meinem Auge der sündige Teufel

Pier Paolo Pasolini und Casarsa: Geschichte einer Hassliebe

Niemand soll sie sehen. Und sie haben Glück, es gelingt. An jenem Morgen des 28. Januar 1950 liegt dichter Nebel über Casarsa della Delizia. Zwei Schemen schleichen sich aus dem Haus und rennen zum Bahnhof, ein junger Mann, eine ältere Frau. Sie haben einen Koffer bei sich, dazu eine Handtasche und darin Geld, Pässe und ein wenig Schmuck. Die beiden sind auf der Flucht. In sechs Stunden, wenn sie in Rom ankommen, sind sie erlöst. Nun kann ein neues Leben beginnen.

Den Zug, den Pier Paolo Pasolini und seine Mutter Susanna an jenem Januartag nehmen, gibt es immer noch: Abfahrt 5 Uhr 02 von Casarsa, umsteigen in Venedig, Weiterfahrt nach Rom. Der Bahnhof wirkt trist, Provinz. Casarsa ist Kleinstadt geblieben, etwas muffig und eng. Weit wird es außerhalb des Ortes, dort, wo die Felder beginnen und das Wasser des Tagliamento zu hören ist. Einer der letzten Wildflüsse des Friaul, unreguliert, nicht ins Bachbett gezwungen. Er sucht sich seine eigenen Wege, jedes Jahr von Neuem, überschwemmt die Äcker, schleppt das

Geröll der Berge Richtung Adria. Bei Casarsa ist die Flusslandschaft ausladend, ein steiniges Gelände, von Auen umgeben. Dichte Büsche, Birken, Hagedorn. Hier treffen sich die Jugendlichen, hier sind sie für sich.

Es sind mehr als fünfzig Jahre vergangen, seit Pier Paolo Pasolini im Dunkel des Morgengrauens aus Casarsa geflohen ist: Man hat ihn der Verführung Minderjähriger angeklagt und will ihm den Prozess machen. Casarsa ist nicht sehr groß. Jeder kennt ihn. Die Schande lastet schwer auf der Familie. Man kann sich nirgends mehr sehen lassen, nicht in der Kirche, nicht beim Einkaufen, nicht am Hauptplatz. Wie soll das weitergehen?

Zu jenem Zeitpunkt, da Mutter und Sohn das Haus verlassen, ist Pasolini achtundzwanzig Jahre alt. Susanna stammt aus Casarsa, die Colussis sind dort seit 1499 ansässig – wenn nicht schon länger. Das Wappen erzählt ihre Geschichte: ein Wagenrad, umschlossen von einem Oval, und darunter »Iaco di Colus – MDCV«. Die Colùs, wie sie ursprünglich hießen, sind Bauern, Grundbesitzer, Selbständige, stolz und selbstbewusst.

Auch die Pasolinis tragen den Kopf hoch: Pier Paolos Großvater stammt von den Grafen Pasolini dall'Onda aus Ravenna ab, einer reichen, mächtigen Familie. Doch das Vermögen hat er verschleudert, sein Sohn Carlo Alberto verdingt sich in der Armee. Als Pier Paolo am 5. März 1922 in Bologna geboren wird, ist sein Vater gerade erst zum Hauptmann befördert worden. Susanna und ihre beiden Söhne müssen oft umziehen, Carlo Alberto wird häufig versetzt: Bologna, Parma, Belluno, Conegliano, Sacile, Cremona, dann wieder Bologna. Die Sommer verbringt man bei den Verwandten in Casarsa. Pasolini erinnert sich an Fahrradtouren und Fußballspiele, an die Mystik der katholischen Rituale und die Nachmittage und Abende am Tagliamento, einem »riesigen, steinigen Strom, schneeweiß wie ein Skelett«. An dessen Ufern wurzeln Ängste und Freuden, weiß er Jahre später, die Lust an der Stille, an der Einsamkeit. Er hätte das alles schon als Kind gespürt, schreibt er, »als ich allein im Wasser des Tagliamento zurückgeblieben war und die Gegend ringsum völlig menschenleer war. Da glaubte ich, dass mich der wilde und geräuschlose Gott der Strudel an den Füßen packte. Ich flüchtete nackt und tropfend auf die Uferböschung und schrie vor lauter Glück.« Bologna, wo Pier Paolo das Gymnasium besucht, das ist das städtische Leben, Casarsa bleibt die Begegnung mit sich selbst. »Ich sehe das Friaul als ersten Ort des Lebens«, erkennt er im Rückblick, »und das Geheimnis seiner Wirklichkeit ist mir kraft meines Ursprungs klar.«

Im Friaul beginnt er zu malen, hier entstehen seine ersten Gedichte, die »Poesie a Casarsa«, die im Juli 1942 in einer Auflage von dreihundert Stück herauskommen. Geschrieben in einem friulanischen Dialekt, »di cà da l'aga«, wie er heißt. Man hört ihn in den Dörfern am westlichen Ufer des Tagliamento. Die Pasolinis sprechen Italienisch, sie fühlen sich als etwas Besseres und wollen nichts gemein haben mit den *contadini*, den Bauern. Von ihnen und von den Jungen auf der Gasse und am Fluss lernt Pasolini das Furlan. »Im westlichen Friaul, besonders in der Gegend des Basso, konnte man in zehn Minuten mit dem Fahrrad von einem Sprachgebiet in ein anderes kommen, das fünfzig Jahre oder ein Jahrhundert oder auch zwei Jahrhunderte archaischer war.«

Das Friaulische, Furlanische oder Furlan, wie es auch heißt, zählt neben dem Bündnerromanischen und dem Ladinischen zu den rätoromanischen Sprachen und ist vor allem in der Gegend von Pordenone, Udine, Görz und in den karnischen Alpen immer noch verbreitet. Etwa sechshunderttausend Menschen, so schätzt man optimistisch, sprechen Furlan mit seinen ungezählten Varianten, das seit 1999 als offizielle Minderheitensprache anerkannt ist. Seither bemüht man sich um eine Identität jenseits aller Volkstümelei. In vielen Orten finden sich zweisprachige Ortstafeln, es gibt Sprachkurse, eine Online-Zeitung, eine Bibelübersetzung. Und doch: Die Sprache droht immer mehr aus dem Alltag zu verschwinden.

Schon damals, als Pasolinis »Poesie a Casarsa« erscheinen, lösen sie Erstaunen aus: Ein lokales Idiom, ungeschliffener, armseliger und rauer als das übrige Furlan, zeigt Selbstbewusstsein und Würde.

*Ciantànt al mè spiéli
ciantànt mi petèni ...
al rît tal mè vùli
il Diàul peciadôr.*

*Sunàit, més ciampànis
Paràilu indavòur
(...)*

*Ich singe in den Spiegel
und kämme mich beim Singen ...
Da lacht in meinem Auge
der sündige Teufel.*

*Klingt, meine Glocken,
drängt ihn zurück
(...)*

In Pasolinis früher Lyrik verbinden sich Szenen aus dem ländlichen Leben mit den verschlüsselterotischen Fantasien ihres Autors, mit seinen Schuldgefühlen und Sehnsüchten, dem Erlebnis einer mystischen Krise. Das Schreiben hilft ihm aus der Verwirrung. In jenem Sommer 1941, da Pasolini die Poesie für sich entdeckt, zieht er sich täglich ins Zimmer über dem ehemaligen Tresterlager der Brennerei seines Großvaters zurück. Dort füllen sich die Seiten seiner Kladde mit Gedichten und kleinen Zeichnungen.

Im Winter 1943 – Pier Paolo hat inzwischen das Studium der Literatur und Kunstgeschichte begonnen – beschließt Susanna, von Bologna nach

Casarsa zu übersiedeln. Ihr Mann ist in Ostafrika stationiert, den größeren italienischen Städten drohen Bombenangriffe. Sie bringt sich bei ihrer Familie in Sicherheit. Auch Pier Paolo ist eingezogen worden und wenig später in deutsche Gefangenschaft geraten. Von dort ist er ins Friaul geflüchtet. »Im Grunde habe ich das Friaul als eine Art tragisch-schönes Exil empfunden«, erkennt Pasolini Jahre später, »eine Art Gefängnis, in dem ich die Anwandlungen meines Narzissmus inmitten der Maulbeerbäume, Weinreben und Felder des Friaul auslebte.« Er treibt sich am Tagliamento herum und beobachtet die Burschen des Ortes, verliebt sich. Er bekämpft seine Homosexualität und ist gleichzeitig in ihr gefangen.

In jenen Jahren wird Pasolini nicht nur zum Dichter, sondern auch zum Lehrer. Als er bemerkt, dass der Krieg den regelmäßigen Unterricht verhindert, richtet er zusammen mit Freunden eine kleine Schule ein, zuerst in Casarsa, später im nahe gelegenen Versutta, wo er sich mit seiner Mutter versteckt hat. Dort gründet er im Februar 1945 die Academiuta di Lenga Furlana, um sich für die Sprache des Friaul einzusetzen. Man trifft sich zu Lesungen und gibt eine Zeitschrift heraus, den *Stroligùt di cà da l'aga*.

Pasolini ist längst Teil der dörflichen Gemeinschaft. Als sein Bruder Guido, der sich dem Widerstand angeschlossen hat, im Februar 1945 von rivalisierenden Partisanen erschossen wird, trauert ganz Casarsa mit Susanna und ihrer Familie. Pier Paolo fühlt sich hier heimisch, er hat inzwischen promoviert und unterrichtet in Valvasone an einem staatlichen Gymnasium. Er geht im Dorfalltag auf, organisiert einen Filmclub und spielt Theater. Gleichzeitig engagiert er sich für die Autonomie des Friaul, tritt der kommunistischen Ortsgruppe von San Giovanni di Casarsa bei und wird ihr Sekretär. Pasolini gilt als Persönlichkeit des öffentlichen Lebens. Das macht ihn verletzlich. In jener Zeit entsteht neben Gedichten auch ein Roman, »Amado mio«, die Geschichte einer homosexuellen Liebe. An die Veröffentlichung ist vorerst nicht zu denken. Pasolini lässt sich nicht entmutigen und schreibt an einem weiteren Buch, »Il sogno di una cosa« (»Der Traum von einer Sache«), den er später überarbeitet. Auch er hat das Friaul und das ländliche Leben mit all seinen Freiheiten und Zwängen zum Thema.

Den langen Arm der Kirche spürt Pasolini, als man ihm im Sommer 1949 erstmals droht. Man könne ihn vernichten, als Homosexuellen und Kommunisten, bekommt er hinter vorgehaltener Hand zu hören. Doch Pasolini will es nicht glauben. Und dann, am 30. September 1949, der inzwischen legendäre Vorfall von Ramuscello: Pasolini trifft auf einem Kirchtag einen Burschen und dessen beide Freunde. Die vier verschwinden im Gebüsch. Wenige Tage später wird er bei den *carabinieri* von Casarsa wegen Verführung Minderjähriger und Unzucht in der Öffentlichkeit angezeigt. Er habe, gibt er bei der Vernehmung zu Protokoll, »unter dem Eindruck einer

Lektüre – eines Romans mit dem Thema Homosexualität – eine erotische und literarische Erfahrung machen wollen«. Doch selbst der Nobelpreisträger Gide, auf den er sich bezieht, kann ihn nicht retten. Der Wachtmeister informiert seinen Vorgesetzten, und der läuft zum Schulamt und zur Presse. Auf dem Markplatz von Casarsa ergötzen sich die Zeitungsausrufer an ihrer Macht: Man hat einen Skandal, und der wird lauthals verkündet.

Pier Paolo, beliebt und als politischer Visionär geschätzt, schlagen plötzlich Unverständnis, Häme und Hass entgegen. Er wird aus der kommunistischen Partei ausgeschlossen und verliert seine Stelle. Die Familie gerät finanziell in Bedrängnis, Pier Paolo wird geächtet. Er wartet auf seinen Prozess, ist am Rande des Selbstmords.

Am 28. Januar 1950 nehmen Pier Paolo und Susanna Pasolini den ersten Zug nach Rom. »Falls ich jemals Lebenskraft besessen habe, fühle ich sie nun wie einen neuen Anzug.« Die neue Kleidung stärkt ihm den Rücken. Am 28. Dezember 1950 wird Pasolini vom Vorwurf, Minderjährige verführt zu haben, freigesprochen. Verurteilt wird er wegen obszöner Handlungen in der Öffentlichkeit. Doch im Berufungsverfahren, das am 8. April 1952 in Pordenone stattfindet, spricht man ihn wegen Mangels an Beweisen frei.

Ein Zurück ins Friaul scheint dennoch ausgeschlossen. Pasolini avanciert in Rom zum gefeierten Autor und Regisseur. Gleichzeitig wird er angefeindet, weil er dem italienischen Staat mit seinen faschistoiden Zügen einen Spiegel vorhält und für jene einsteht, die nicht in die gesellschaftlichen Normen passen. Er macht Karriere, wird zum international bejubelten Star. Allein in Casarsa beobachtet man sein Tun scheelen Blickes. Pasolini kehrt selten und nur kurz dorthin zurück, einmal sogar in Begleitung von Maria Callas, der Diva mit Pelz und Sonnenbrille. Der Triumph des Ausgestoßenen? Nur kurz. Pasolini weiß um seine Ambivalenzen: Er verachtet die Borniertheit der Bewohner von Casarsa und spürt doch, was er diesem Landstrich verdankt, als Mensch und als Künstler.

Ein Spaziergang durch Casarsa wird zur Spurensuche. Via Pasolini 4, Centro Studi Pier Paolo Pasolini in der ehemaligen Casa Colussi. Sie beherbergt heute eine Ausstellung zu Pasolinis Zeit im Friaul: mit liebevoll präsentierten Zeichnungen und Bildern, mit Fotos, Autografen und Dokumenten. Auch sein früheres Zimmer ist zu besichtigen, darin ein einfacher Holzschreibtisch, an den Wänden eine blau-rot gestreifte Tapete – die Farben von Pasolinis Lieblingsclub Bologna. Von hier aus führt ein Weg weiter zu den Stationen von Pasolinis Biografie. Die Kirche Santa Croce mit jener Tafel, die an die Invasion der Türken des Jahres 1499 erinnert – Stoff für Pasolinis Theaterstück »I turcs tal Friúl«, das im Mai 1944 entstanden ist. Die Reste des kleinen Hauses in Versutta, in dem Pier Paolo und Susanna während des Krieges gewohnt haben und wo er die Academiuta di Lenga Furlana gegründet hat. Die Chiesetta di Sant'Antonio Abate in Versutta, deren Fresken den Dichter so fasziniert haben. Er habe sie, so erzählt man sich, mit rohen Zwiebeln abgerieben, um sie zum Strahlen zu bringen und sie so seinen Schülern zu zeigen. Die Loggia in San Giovanni, Sitz der Kommunalverwaltung: Entlang der Wände wurden die Nachrichten der politischen Parteien affichiert. Für diese Wandzeitung hat auch Pier Paolo regelmäßig Texte geschrieben. Die steinigen Fluss- und Uferlandschaften des Tagliamento, die Felder, die Kapellen, die Brunnen.

Wenn der Abend versinkt in den Brunnen,
trägt mein Dorf verlorene Farben.

Ich bin fern, ich erinnre mich an seine Frösche,
an den Mond, an das traurige Zirpen der Grillen.

Es läutet zum Rosenkranz, es verhallt in den
    Wiesen:
ich bin gestorben beim Klang der Glocken.

Fremdling, bei meinem sanften Flug übers Land
hab keine Angst: ich bin ein Geist der Liebe,

der aus der Ferne heimkehrt zu seinem Dorf.

Verse aus dem Gesang der Glocken. Hinter einer Mauer am Rand von Casarsa versteckt sich der Friedhof. »Leichenbegängnis im September. Trauerfeier in Casarsa«, schreibt Pasolini in einem seiner Feuilletons. »Männer in Sonntagsanzügen und alte Frauen mit den Kopftüchern und den schwarzen Röcken. Der geschäftige Pfarrer kommt aus der Menge heraus, die Leute sprechen leise, mit einer Gruppe von kleinen Ministranten, gekleidet wie er in weiße Kutten mit schwarzen Verzierungen. Kerzen und Kreuze. Die Gruppe verschwindet in dem Portal. Es regnet bei hellem Sonnenschein.«

Pier Paolo Pasolini, in der Nacht vom 1. auf den 2. November 1975 am Strand von Ostia ermordet, liegt neben seiner Mutter Susanna begraben, beschützt von zwei weißen Marmorplatten. Es ist ruhig, niemand zu sehen, die Toten schlafen, man lässt sie in Frieden. Einmal – ja einmal, an jenem 5. November 1975, als man Pasolini in Casarsa zu Grabe trägt, ist die Welt hier eingebrochen. Verwandte, Freunde, Neugierige, Journalisten und Fotografen folgten dem Sarg Pasolinis, als er von Santa Croce quer durch die Stadt zu seinem Grab getragen wurde. Der Friedhof konnte die Menschenmassen nicht fassen.

Der verlorene Sohn ist heimgekehrt. Diesmal bleibt er. Der Schatten eines Lorbeerbaums fällt auf die Grabtafeln. Erst seit Besucher aus aller Welt hierher pilgern, um seinen Spuren zu folgen, versöhnt sich Casarsa langsam mit dem Toten. Man schließt ihn zögernd in die Arme. Dort wird er hoffentlich bleiben.

Auf der Terraferma blüht's

Bühnenlandschaften: Villen und Gärten der Venezianer

Da stellt man den Menschen eine Stadt hin, wie sie moderner und schöner nicht sein könnte, und dann will niemand hin. Neue Häuser, ein ausladend großer Hauptplatz mit einem prächtigen Dom, ein Wall mit Befestigungsanlagen, die für Sicherheit sorgen, wie kaum anderswo. Alles umsonst. Die Venezianer schütteln den Kopf. Palmanova gilt als architektonisches Juwel, modern, funktional, sicher. Und nun das.

Über viele Jahrhunderte hinweg hat sich die Serenissima um die Eroberung des Friaul und strategische Stützpunkte auf der Terraferma bemüht, nach 1420 wähnt man sich endlich am Ziel. Nun gilt es, das Land zu regieren und gegen Feinde zu verteidigen. Als Venedig am 7. Oktober 1593 beschließt, den Grundstein für Palmanova zu legen, hat man große Ambitionen. Nichts bleibt dem Zufall überlassen, die Planung ist ein Meisterwerk italienischer Spätrenaissance. Von einem großen sechseckigen Hauptplatz – die Zahl sechs leitet sich von den *sestieri* Venedigs ab, den sechs Vierteln – gehen die Straßen ab, verjüngen sich nach außen hin und laufen auf die neunzackige Stadtmauer mit ihren Toren und

Bastionen zu. Hohe Erdwälle umschließen das minutiös durchdachte Gefüge, das sich wie ein Stern in die Landschaft hinausreckt.

Natürlich müssen hier Generäle wohnen, die Stadt ist befestigt wie kaum eine andere. Auch an Soldaten und ihre Familien ist gedacht, aber natürlich auch an Zivilisten. Gut zwanzigtausend Menschen könnten hier leben – und wollen es nicht. Venedig hat zu kämpfen, die neuen Häuser zu füllen. Und so geht man daran, Strafgefangene freizustellen und sie nach Palmanova zu verschicken. Doch so sehr man sich auch bemüht: Sehr viel mehr als fünftausend Einwohner hat die Stadt nie bekommen.

Palmanova ist ein Paradies für Kinder. Auf der Piazza Grande jagen sie den Vögeln hinterher und flitzen mit den Rollerblades und Skateboards um die Wette, während ihre Eltern langsam um den Platz flanieren. In den Cafés und Gelaterias blüht der Tratsch, man tauscht Nachrichten aus, vom *totocalcio* bis zu den Berichten von der *festa della mele*, alles Apfel. Hier ist gut sein. Und doch liegt ein seltsamer Schatten über der Stadt. Die Weite der *piazza* wirkt gespenstisch, sie wird zur Kulisse. Dahinter die Straßen, kaum Verkehr, niedrige Häuser, Ruhe. Die ideale Stadt, am Reißbrett entworfen. Das wirkliche Leben bleibt ausgesperrt.

Als die Venezianer das Friaul erobert hatten und samt Markuslöwen hier heimisch zu werden suchten, war das Land noch lange nicht befriedet. Immer wieder galt es, die hereinbrechenden Osmanen abzuwehren. Krieg brach aus, als Venedig die Nachfolge der Grafen von Görz antreten wollte und gegen Österreich kämpfte – und verlor. Gleichzeitig drohte Gefahr von innen: Venedig sandte zwar einen *luogotenente* in das Schloss von Udine, einen Statthalter, der Udine repräsentativ ausbauen und mit den Insignien der venezianischen Machthaber ausstatten ließ. Doch der hatte es schwer, sich gegen die gewachsenen politischen Strukturen durchzusetzen. Das Friaul war in unzählige Herrschaftsbereiche zersplittert, aufgeteilt auf alteingesessene, größtenteils aus Österreich und Deutschland stammende Adelsfamilien. Manche herrschten nur über einen Ort, andere über ein kleines Stück Land. Schon Anfang des 13. Jahrhunderts hatten sie sich in einem friulanischen Parlament zusammengefunden und dort die Legislative organisiert.

Traditionen, die sich von den Venezianern nicht so leicht brechen ließen, wie auch der Dichter Ippolito Nievo berichtete: »Das Friaul gehorchte noch immer sechzig oder siebzig Familien, die, von jenseits der Alpen stammend, seit Jahrhunderten im Lande und in den verschiedenen Gebieten die Gerichtsbarkeit innehatten. Sie herrschten nahezu unumschränkt. Wenige dieser Herren, die Recht sprachen, wussten etwas vom Gesetz, und die Abgeordneten des Bezirks wussten davon natürlich noch weniger. Ich glaube nicht, dass alle Toskanisch verstanden; dass keiner es sprach, ist erwiesen genug aus ihren Erlässen und Beschlüssen, die nach einer kleinen Einleitung in Latein ein Gemengsel von Italienisch, friulanischem und venezianischem Dialekt aufweisen, dass es für jemanden, der lachen will, nicht unergötzlich ist. Aus alledem wird eines ersichtlich: Wenn das vortreffliche Parlament des Vaterlandes bei seiner Durchlaucht dem Dogen um die Erlaubnis nachsuchte, über eine bestimmte Vorlage zu beraten, so war das Gesetz schon zwischen Seiner Exzellenz dem Statthalter und dem Hohen Rat der Zehn genauestens vereinbart.«

Dass von solchen Vereinbarungen Agenden des Feudal- und Privatrechts ausgeschlossen blieben, versteht sich von selbst, niemals hätten die Burgherren geduldet, diese auch nur zu erörtern. Sie, die sich seit Urzeiten als Regenten und dem Kaiser treu fühlten, verachteten die Venezianer und jene Familien, die in deren Gefolge ins Friaul zogen und dort zu Geld kamen. Mochten die doch ihre Häuser bauen und die Felder bestellen, wer in den Burgen saß, hatte den trutzigen Blick. Bis heute sind die Schlösser und Bastionen der Colloredos, Thurns oder Porcias mächtige Gebäude, die das Land bewachen und die Identität einer Region mitbestimmen: die Villa Colloredo in Susans, die Burgen von Colloredo di Monte Albano, Villalto und Spilimbergo oder die Villa Thurn-Valsassina in Ziracco. Von diesen uralten Adelssitzen aus beobachtet man, wie immer neue Villen entstehen. Aus Venedig wechselt eine neue Formensprache ins Friaul, zu bewundern in unzähligen Anwesen, wie der Villa Florio in Perseriano, der Villa Piccoli in Soleschiano oder der Villa Gallici-Deciani in Montegnacco. Ein eigener Stil bildet sich aus, vielfach variiert: ein kubisches Herrenhaus mit drei Etagen und daran anschließend die lang gestreckten Neben- und Wirtschaftsgebäude.

Prächtige Visitenkarten. Dabei beließ man es. Die Venezianer kümmerten sich nicht weiter um ihre neuen Herrschaftsgebiete. Unter ihrer Ägide erlebte das Friaul eine elende Zeit: Epidemien und Hungerkatastrophen dezimierten die Bevölkerung, die Bauern brachen unter der Steuerlast zusammen und verarmten. Das alte Gemeindeland wurde eingezogen und an reiche Patrizier aus dem Veneto und der Lombardei verkauft. Allein die Städte erlebten eine Blüte: Reiche Familien ließen sich in und um Udine und Pordenone Paläste bauen, viele davon im venezianischen Stil.

Nur dort, wo die Venezianer Land trockenlegten und urbar machten, entwickelte sich die Landwirtschaft: in der südlichen Ebene des Friaul, der Gegend von Palmanova und Pordenone. Hier sorgten große Güter dafür, dass es den Dogen und Patriarchen an nichts fehlte. Die Serenissima machte das Friaul zu ihrer Kornkammer, ihrem Gemüsegarten und Weinberg. Auch die Villa Manin in Passariano diente diesem Zweck. Sie gilt heute als eine der größten und prächtigsten Anlagen ihrer Art. In ihrem Inneren ein Museum moderner Kunst, im Park die Reste venezianischer Gartenarchitektur. Die Skulpturen im Park, Werke zeitgenössischer Künstler, holen das Heute ins Blickfeld.

Die Geschichte des Anwesens reicht ins 11. Jahrhundert zurück, als sich die ursprünglich aus der Toskana stammenden Manins im Friaul niederließen. Die venedigtreue Familie erwarb hier ausgedehnte Ländereien und kam zu Ansehen und Macht. Mitte des 16. Jahrhunderts begann man mit dem Bau eines Herrenhauses, das man laufend erweiterte. Der Landsitz wächst zum Palast heran: Zahlreiche Nebengebäude umgeben den Wohntrakt und finden zu einem theatralisch anmutenden Ensemble zusammen. Man orientiert sich an den Plänen eines Andrea Palladio oder Baldassare Longhena, spart nicht an der Innenausstattung und lässt eine ausgedehnte Parkanlage entwerfen. Eine Gartenlandschaft wie eine Inszenierung. Um 1714 angelegt, folgt sie dem Vorbild von Versailles, wenn auch in kleinerem Rahmen: mit ihren Wegen und Teichen, mit ihren künstlich aufgeschütteten Hügeln, dem Parnass und dem Ätna, wie man sie nennt. Hier leben die Götter und ihr Hofstaat.

Einmal mehr präsentiert sich Venedig mit alle seiner Macht. Doch der Niedergang kündigt sich schon bald nach Fertigstellung der Villa an. Als Ludovico Manin einen Sommersitz sucht und dafür Passariano auswählt, ahnt er nicht, dass er der letzte Doge sein würde. Am 12. Mai 1797 muss er abdanken. In die Salons, Säle und Ställe der Villa Manin ziehen neue Bewohner ein, berühmt auch sie: Napoleon und seine Truppen, nunmehr im Kampf gegen Österreich. Das Anwesen sei zu groß für einen Grafen und zu klein für einen König, soll er befunden haben. In der Nacht vom 17. auf den 18. Oktober 1797 unterzeichnen er und Kaiser Franz II. den Friedensvertrag von Campoformido. Die Villa Manin geht in die Annalen ein, eine Fußnote.

Zu jenem Zeitpunkt haben die Venezianer längst den Rückzug angetreten. Wer weint ihnen nach? Wenige, wie es scheint, und doch: Vieles bleibt hängen. Vielleicht auch die Sehnsucht nach der Weite des Meeres, der Mut, sich auf den Weg zu machen und die Welt zu umsegeln auf der Suche nach neuen Orten, nach Handelsplätzen, nach dem Abenteuer. Hat Pierre Savorgnan de Brazza die Bücher des Marco Polo gelesen? Seine Familie ist seit vielen Jahrhunderten im Friaul ansässig und einer ihrer Stammsitze die heutige Villa di Brazzà Savorgnan-Pirzio Biroli in Brazzacco nahe Udine. Pierre Savorgnan de Brazza, 1852 geboren, ist in Rom aufgewachsen und später nach Frankreich übersiedelt. Von dort aus folgte er seiner Sehnsucht nach der Fremde. Als Forscher und Entdecker erkundete er den Schwarzen Kontinent und gründete eine Stadt mit klingendem Namen: Brazzaville, die heutige Hauptstadt der Republik Kongo. Ein Stückchen Friaul im tiefsten Afrika, weit weg bei den Tigern und Löwen.

In Pierres Heimat indes zieht der Markuslöwe weiter seine Runden. Immer wieder biegt er um die Ecke, bis heute: auf der Piazza Libertà in Udine, beim Palazzo del Monte di Pietà in Pordenone, vor dem Altar des Domes von Sacile, in der Loggia von Venzone. Ab und zu hört man Flügel schlagen – sind es die Schwingen des Markuslöwen oder die des habsburgischen Doppeladlers?

Palmanova ist in den Schlaf versunken, die Kasematten verfallen, die Festung wird zum Mahnmal. Hier ist nie wirklich gekämpft worden. Ein Glück.

Die Welt steht still

Die großen Erdbeben des Jahres 1976

Zuerst spüren es die Tiere. Kleine Schlangen, die man sonst niemals sieht, kriechen aus ihren Erdlöchern. Hunde werden unruhig und bellen ohne ersichtlichen Grund. Ratten rennen aus den Kellern, Kühe und Pferden zerren an den Barren und drängen ins Freie. Als dann auch noch der Wasserspiegel in den Brunnen um zwei Meter abfällt, kommt Ratlosigkeit auf. Ob es an der Sonne liegt? Eine von vielen Erklärungen. Es wäre die einfachste. Für jenen 6. Mai des Jahres 1976 ist eine Sonnenfinsternis angekündigt, ja mehr noch: Es sollen diesmal gleich zwei Eklipsen aufeinanderfolgen. Das bringe Unglück, sagen die einen. Purer Aberglaube, so die anderen – und wer will sich damit aufhalten? Die Menschen kehren zu ihrer Arbeit zurück, allein die Tiere bleiben irritiert.

Auch so ein Tag geht irgendwann vorbei. Tut er auch – und doch auch wieder nicht: Am 6. Mai 1976 um 20 Uhr 59 wird das Friaul von einem Erdbeben erschüttert, dem bislang schwersten, seit es Aufzeichnungen gibt: Zwischen Moggio, Forgaria und Tarcento werden Erdstöße gemessen, die bis zu acht und neun Grad auf der zwölfstufigen Mercalli-Skala anzeigen. Nur fünfundfünfzig Sekunden dauert der *terremoto*, wie ihn die Italiener nennen, dann kehrt Stille ein. Eine lähmende Ruhe. Erst nach und nach erwacht das obere Friaul aus seiner Erstarrung. Das Ausmaß des Schreckens scheint unfassbar: Gebäude sind fast vollständig zusammengestürzt, ganze Stadtviertel liegen im Schutt, nur einzelne Mauern ragen aus den Trümmerhaufen. Straßen sind unpassierbar geworden, Bahnlinien zerstört. Felsen sind in Bewegung geraten und Hänge ins Rutschen. Sie haben weitere Häuser niedergerissen und unter sich begraben. Die Zahl der Toten und Vermissten lässt sich noch nicht ermessen. Chaos bricht aus. »An diesem 6. Mai 1976 kam die Welt zum Stillstand«, erinnert sich der Bürgermeister von Gemona, Gabriele Marini. Es dauert Tage, ehe man alle Verschütteten geborgen hat. Fast tausend Tote sind zu beklagen, dazu zweitausendfünfhundert Verwundete.

Als ob dass nicht schon genug wäre. In den Tagen nach jenem 6. Mai werden im Friaul Hunderte weiterer Beben registriert. Es sind kleinere Stöße, das immerhin, aber wenn sie nur die Vorboten für eine weitere Katastrophe wären? Neue Ängste wachsen.

Über achtzigtausend Menschen sind innerhalb weniger Sekunden obdachlos geworden. Man hat sie in Notunterkünften untergebracht oder in den Süden der Provinz evakuiert, der vom Beben weniger oder kaum betroffen ist. Tagsüber streunen sie durch die zerstörten Ortschaften, um zumindest ein paar ihrer Habseligkeiten zu retten, nachts kehren sie in ihre Zelte und Baracken zurück. Katastrophentouristen machen sich auf den Weg. Es folgen Diebstähle, klickende Kameras, Sensationsgier. Gleichzeitig rühren Hilfsbereitschaft und Solidarität. Nachbarn, Freunde und Verwandte rücken näher zusammen, Animositäten sind kurzzeitig vergessen.

Doch die Natur kommt nicht zur Ruhe. Eine Hitzewelle bricht übers Friaul herein. Ihr folgen Regenfluten, in den Bergen fällt Schnee. Die vom Militär errichteten Zeltlager werden überschwemmt, die Bewohner verlieren neuerlich das Dach über dem Kopf und versinken vollends in Hoffnungslosigkeit. Würde ihnen das Schicksal ähnlich bitter mitspielen wie den Menschen in Sizilien nach dem Erdbeben im Januar 1968? Jahrelang hatten sie im Elend hausen müssen, die Aufbauarbeiten waren immer wieder ins Stocken geraten. Im Süden, ja dort mag das irgendwie gegangen sein. Aber wie sollte man hier im Norden nahe den Alpen die nächsten Wochen und Monate überstehen, in einer Gegend, wo die Winter lang und kalt sind? Ängste und Mutlosigkeit ziehen ins Land, den Hilfsmaßnahmen zum Trotz.

Das Friaul wird zum Notstandsgebiet erklärt. Aus allen Teilen Italiens und Europas trifft Unterstützung ein, Soldaten, Mitglieder von Feuerwehr, Rotem Kreuz und zahlreichen anderen Hilfsorganisationen reisen an. Dazu unzählige Freiwillige, die nach bestem Wissen und Gewissen zupacken. Jeder hilft jedem, jeder muss sehen, wo er bleibt. Der Wiederaufbau beginnt, zögernden Schrittes: »Dov'era e com'era« – wo es war und wie es war. So soll es sein, so ist es beschlossen.

Und dann, am 15. September 1976, ein weiterer Rückschlag. Wieder erschüttert ein Erdstoß das Friaul. Diesmal gibt es keine Toten, doch neuerliche Schäden. Die Bilanz dieses *Terremoto*-Jahres ist verheerend: Gut zwanzigtausend Häuser sind zerstört, siebzigtausend schwer beschädigt. Herbst und Winter stehen nun wirklich vor der Tür. Nicht alle vertrauen den Versprechungen von Staat, Militär und internationalen Hilfsorganisationen, viele flüchten sich zu Verwandten oder Freunden ins übrige Italien, um sich zumindest für ein paar Wochen in Sicherheit zu bringen. Andere werden von Panik geplagt und verlassen das Friaul für immer, weil sie der Erde nicht mehr trauen.

Nicht ganz zu Unrecht: Das Friaul liegt in gefährdetem Gebiet, das weiß man schon lange. An jenem 6. Mai 1976 hat sich die afrikanische Platte um einen Meter unter die europäische geschoben, was das Erdbeben auslöste. Es war dies nicht die erste tektonische Veränderung mit fatalen Folgen: Schon 1348 und 1511 hatte das Friaul schwere Beben zu verzeichnen, mit Tausenden von Toten. Mit Erdstößen kleiner Stärke hatte man ohnehin schon zu leben gelernt.

Doch obwohl sie wissen, dass der Boden, auf dem man sich bewegt, unberechenbar und hochsensibel ist, bleiben die meisten – weil sie keine

Wahl haben oder sich nicht trennen können von ihrer Heimat. Das Friaul steht eng zusammen. Immer neue Hilfslieferungen treffen ein. Güter des praktischen Lebens, gefolgt von Ziegeln, Bauholz, Eisentraversen und Dachschindeln, von Heizgeräten, Küchen und Duschkabinen. Gutachter und Statiker sind am Werk, Wissenschaftler bergen Kunstschätze, um Plünderungen vorzubeugen.

Aufbruchsstimmung ist zu spüren. »Dov'era e com'era« – man darf das Friaul nicht einfach aufgeben. Es gibt Krisensitzungen, Komitees und Abstimmungen aller Art, ehe die Pläne stehen. Zwanzigtausend Menschen sind ohne Arbeit. Entsprechend wird entschieden: Zuerst müssen die Fabriken aufgebaut werden, dann erst die Häuser, und zuletzt die Gebäude des öffentlichen Lebens, die Schulen, Gemeindeämter und Kirchen. Kaum eine Stadt oder ein Dorf, die nicht für viele Jahre zur Großbaustelle werden. Ein Land voller Kräne, Bagger und Gerüste, bewacht von Kirchenglocken, die man auf hölzernen Gestellen verankert hat. Sie sind weithin zu hören. Das obere Friaul, dieses spröde Stück Land, wächst selbstbewusst und neu aus dem Boden.

Und doch dauert es Jahre und Jahrzehnte, ehe die Wunden des Bebens vernarbt sind. Ganz zum Verschwinden konnte man sie nicht bringen – und will es auch nicht. Zu beobachten in Venzone einer Zweitausendzweihundert-Seelen-Gemeinde fünfzig Kilometer nördlich von Udine.

Hier und im benachbarten Gemona, zwei prächtigen mittelalterlichen Städtchen, hat das Erdbeben besonders heftig gewütet: Es hat den Großteil der Altstadt zerstört – und damit auch die Geschichte von Venzone fast ganz zum Verschwinden gebracht. Den Schlüssel zum Friaul nennt man die Stadt: Sie liegt wie eine Klause an einer Engstelle im Tal des Tagliamento. Direkt an der Handelsstraße, die den Norden mit dem Süden verband und vom Plöckenpass hinunter zum Meer zog, hatte man dereinst das verbriefte Recht, den Waren- und Personenverkehr zu kontrollieren und Zölle einzuheben. Eine lukrative Einnahmequelle, die den Bewohnern von Venzone zu Reichtum und Ansehen verhalf.

Im Hochmittelalter entsteht eine prächtige Stadt, mit Palästen, wehrhaften Wohnhäusern, einem repräsentativen Palazzo Comunale und einem Dom, dessen Schönheit weithin bekannt ist. Seine ältesten Teile reichen zurück ins Jahr 1251. Um 1300 wird er vergrößert und später um weitere Seitenkapellen erweitert. Erstklassige Architekten und Künstler haben in Sant'Andrea ihre Handschrift hinterlassen, im Relief des Tympanons, in den Kreuzrippengewölben und Skulpturen, in den Fresken der Banner-Kapelle.

Mit der Herrschaft der Venezianer nach 1420 endet auch die Blütezeit Venzones. Die Stadt verliert ihre Rolle als Handelszentrum und fällt in die Bedeutungslosigkeit zurück. Die ·Bewohner verarmen, niemand hat Geld für bauliche Veränderungen. Und so lebt man über Jahrhunderte hinweg in den mittelalterlichen Häusern weiter. Auch der Dom trotzt allen Stürmen. Ein romanisch-gotisches Juwel, so befinden die Kunstfreunde und Experten des 20. Jahrhunderts und beschließen eine sorgfältige, sieben Jahre dauernde Renovierung. 1975 ist sie abgeschlossen.

Kurz darauf die Katastrophe. Sant'Andrea überlebt den ersten *terremoto* ohne größere Schäden. Schon wenige Tage nach dem Beben werden alle beweglichen Kunstschätze des Domes geborgen, um sie vor Dieben in Sicherheit zu bringen. Gleichzeitig bietet das Wiener Denkmalamt an, eine fotogrammetrische Erkundung des Bauwerks vorzunehmen, um die Maße jener Bauteile zu eruieren, die das Erdbeben unbeschadet überstanden haben. Die Bedeutung dieser Dokumentation wird den Wissenschaftlern erst bewusst, als die Erdstöße des September 1976 über Venzone hereinbrechen. Sie bringen diesmal auch den Dom zu Fall. Er wird zur Ruine. Nur die Reste einiger Außenmauern bleiben stehen: ein aus den Trümmern der zerstörten Stadt herausragendes Gerippe, ein trauriges Wahrzeichen. Sein Bild geht um die Welt.

Venzone trauert. Dann mobilisiert man neue Kräfte. Jeder Stein des Domes wird aufgelesen, vermessen und nummeriert und schließlich auf einem freien Feld außerhalb der Stadt gelagert, einer neben dem anderen. Eine aufwendige Arbeit, die bis in den Juni des Folgejahres hinein dauert. Gut achttausend behauene Steine kann man auf diese Weise retten, das sind fast neunzig

Prozent der Bausubstanz. Parallel dazu hat man die Überreste der tragenden Mauern des Domes gestützt, um ihn nicht vollends dem Verfall preiszugeben. Und nun?

Kommissionen tagen. Soll man den Dom ganz niederreißen und eine moderne Kirche an seinen Platz stellen oder die Ruine als museales Denkmal konservieren? Beide Vorschläge werden diskutiert und verworfen. Die Menschen von Venzone stehen zusammen wie selten zuvor und setzen sich in einer Volksbefragung durch: Ihre Stadt ohne den Dom? Unvorstellbar. Sant'Andrea muss wieder aufgebaut werden. »Eine Sonnenuhr ohne Schattenstab ist eine Fläche, auf der rätselhafte Ziffern erscheinen«, so beschreibt die Kunsthistorikerin Isabella Vay die damalige Stimmung in Venzone. »Ein Schattenstab ohne Maßeinteilung ist ein Stab, der seinen Schatten ohne jeden Sinn wirft. Nur in dem besonderen Zusammenhang von Maßeinteilung und Schattenstab wird die Bedeutung der Mittagslinie geboren.«

Die Planungen für den Wiederaufbau beginnen, aus ganz Europa kommt Hilfe: Geld, Wissen, Arbeitsleistung. Dank der neuartigen Anastilose-Methode, die ursprünglich für die Rekonstruktion antiker Gebäude entwickelt worden ist, gelingt es, einen Entwurf für eine möglichst originalgetreue Wiederherstellung des Doms anzufertigen: Jeder der achttausend Steine soll wieder an seinen Platz kommen. Es dauert zwölf Jahre, ehe die Arbeiten wirklich beginnen können, und weitere sieben Jahre, bis der Dom am 6. August 1995 feierlich wiedereröffnet wird. Ein triumphaler Tag für den ganzen Ort.

Sant'Andrea zeigt sich heute in neuem Glanz, ohne poliert zu wirken. Wie eh und je thront der Dom am Rand der Stadt. Venzone hat nicht verloren, wie es scheint, es ist nicht zur Filmkulisse verkommen, sondern ein lebendiger kleiner Ort geblieben. Im Caffè Vecchio lehnen die Arbeiter am Tresen und trinken ihren Espresso, bevor sie nach dem Mittagessen ans Tagwerk zurückkehren. In den gepflasterten Innenhöfen der gotischen Paläste wird Fußball gespielt, Kinder kurven mit ihren Fahrrädern durch die engen Gassen. Im Rathaus bereitet man die *festa della zucca* vor, das alljährliche Kürbisfest mit der Kür des größten Kürbisses, einem Fackelzug und dem Verkosten vielfältigster Gerichte: *tortelli di zucca, zuppa di zucca, gnocchi di zucca, torta di zucca.*

Auf den ersten Blick scheint wenig an die Schrecken des Jahres 1976 zu erinnern – nur die Fotoausstellung in der Loggia des Palazzo Comunale und die Ruine der Kirche San Giovanni, mitten im Stadtzentrum. An ihr kommt man Tag für Tag vorbei. Doch wer genauer hinsieht, entdeckt die Spuren der Erdbeben in vielen Details: Kleine Ziffern auf dem Mauerwerk der Häuser und *palazzi* lassen daran denken, mit welcher Mühe die Häuser rekonstruiert wurden. Am Dom zieht sich eine Bruchlinie durch die Teile der alten und der neuen Bausubstanz. Man hat sie mit einem schmalen Bleiband markiert. Narben sollen sichtbar bleiben, auch für Kinder- und Kindeskinder.

Das Friaul hat in den Jahren nach den großen Beben an Zuversicht gewonnen. Es steht mit beiden Beinen am Boden – was auch immer der noch vorhaben mag. Eine Wohltat sei das Erdbeben in Chili gewesen, heißt es in Heinrich von Kleists gleichnamiger Erzählung etwas euphemistisch. »Und in der Tat schien, mitten in diesen grässlichen Augenblicken, in welchen alle irdischen Güter der Menschen zugrunde gingen und die ganze Natur verschüttet zu werden drohte, der menschliche Geist selbst, wie eine schöne Blume, aufzugehen.«

Chile, 1647 – Friaul, 1976. Ein Ozean und die Jahrhunderte liegen zwischen den Ländern und Jahreszahlen. Die Erfahrung der Menschen ist die gleiche geblieben. Die Erdplatten verschieben sich weiter. Mit Ruhe ist nicht zu rechnen.

Bei den vierzehn Engeln

Himmelwärts: Sauris, das höchste Dorf des Friaul

»Hideaways« nennt man sie heute, Plätze zum Abtauchen und Verschwinden. Verborgene Orte, von denen kaum jemand weiß, Fluchtpunkte. Auch Sauris könnte als Schlupfwinkel durchgehen, das höchst gelegene Dorf des Friaul, auf tausenddreihundert Metern Höhe. Weit oben in den Karnischen Alpen, weit weg von der Welt. Bis Mitte des vergangenen Jahrhunderts war Sauris oder die Zahre, wie das Dorf auch heißt, nur auf Saumpfaden zu erreichen. Zehn Stunden dauerte es, um von Ampezzo im Val Tagliamento nach oben zu steigen. Entsprechend selten kamen die Bergbauern von Sauris ins Tal. Man blieb für sich. Der Friedhof in Sauris di Sopra weiß davon zu erzählen: Plozzer, Petris, Minigher, Polentarutti steht auf den Grabsteinen, so die Namen der Familien. Ihre Stammbäume sind stark verästelt. Es ist eng hier oben, man rückt zusammen. Geheiratet wurde untereinander, wieder und wieder.

Zwei deutsche Soldaten hätten sich als Erste in Sauris niedergelassen, erzählt die Legende. Sie seien des Krieges müde gewesen und hätten ein Versteck gesucht, an dem sie niemand verfolgen und verurteilen würde. Erst im tiefsten Karnien fühlten sie sich sicher. Sie ließen sich hier nieder und lebten fortan rechtschaffen und in Frieden.

Eine schöne Geschichte. Die Historiker wissen es besser. Sauris wurde um 1250 besiedelt. Damals entschieden die Grafen von Görz, die Bergregionen Karniens urbar zu machen. Sie wollten die Grenzen sichern, hofften auf einen Aufschwung des Bergbaus und die dauerhafte Bewirtschaftung des Landes. Und so wurden Bauern und Knappen aus dem Osttiroler Pustertal ins Karnische verschickt, in eine abgelegene, wilde Gegend. Auf den Almwiesen, die sie den Wäldern abgerungen hatten, entstanden zwei Dörfer: Sauris di Sotto und Sauris di Sopra, die untere und die obere Zahre. Der Kontakt zu den Verwandten brach schnell ab: Die Übergänge und Pässe waren hoch, die Wege in die frühere Heimat strapaziös. Auch der Süden mit den Orten am Tagliamento schien ein ganzes Stück entfernt. Und so blieben die Bewohner von Sauris für sich. Niemand zog zu, niemand zog weg. Die Familien wuchsen. Was musste man wissen von der Welt? Eigentlich nicht viel, denn die lag ohnehin weiter hinter den sieben Bergen, hinter dem Vesperkofel und der Morgenleite.

Mitten in den Karnischen Alpen entstand ein abgeschlossenes kleines Siedlungsgebiet. Man wusste wohl, dass dort oben in den Bergen Menschen wohnten, doch zu Gesicht bekam man sie selten. Einsiedler, Käuze, mit denen sei schwer reden, hieß es unten im Tal. Und das stimmte wohl auch. In Sauris hat ein uralter Osttiroler

Dialekt überlebt, der durchzogen ist von Ausdrücken aus dem Romanischen: »de zahrar sproche«, wie sie heißt. »Bienvenuti a Sauris-Zahre«, so die Begrüßung am Ortsrand, daneben der Zusatz: »der tuena griessn«, wir grüßen dich. Italienisch ist die Schriftsprache, Furlan die Umgangssprache und ein merkwürdiges Mittelhochdeutsch die Sprache der Familien. Sauris gilt als viel bestaunte Sprachinsel, ähnlich wie das nahe gelegene Timau oder Tischelwang.

Karnien war immer schon zerrissen zwischen den Ambitionen verschiedenster Interessen. Besiedelt von den Kelten, wurde Carnia, wie es die Römer nannten, eine der vielen Stationen auf dem Weg von Norden nach Süden. Die Via Iulia Augusta führte von Aquileia über den Plöckenpass ins Drautal. In Zuglio, wo sie auf eine keltische Siedlung traf, richtete man um 50 vor Christus das Forum Iulium Carnicum ein. Eine Kolonie entstand, die von Tarvis nach Spilimbergo und hinein bis ins Cadore reichte. Auf einem Hügel oberhalb von Zuglio steht bis heute die älteste noch erhaltene Kirche Karniens, die Pieve San Pietro di Carnia, die auf den Resten einer frühchristlichen Kirche ruht. Diese soll aus dem späten 5. Jahrhundert stammen. Den Römern folgten die Slawen, die Karolinger und dann wieder die Herzöge von Karantanien, dem späteren Kärnten, schließlich die Habsburger und Italiener. Tarvis und das Kanaltal mit seinen vielen deutschsprachigen Orten wurde erst 1919, als letzte Region des Friaul, dem Staat Italien zugeschlagen.

Über Jahrhunderte hinweg prallten in Karnien verschiedenste Kulturen aufeinander, die tirolerisch-kärntnerische, deutsche, romanische und die slawische. Man arrangierte sich – oder grenzte sich ab. Es gab Handel, etwas Bergbau, viel Holz- und Landwirtschaft. In den Seitentälern jenseits der Hauptrouten lebte man von dem, was der Boden hergab. Wer damit nicht durchkam, verdingte sich als Saisonier, als Maurer oder Holzarbeiter. Die Armut trieb viele in die Emigration, zuerst in die Länder der ehemaligen k. u. k. Monarchie, später nach Deutschland, Frankreich und Belgien, in die USA und nach Australien. Für jene, die geblieben sind, ist das Tagwerk immer noch hart. Der Tourismus hat einigen Orten zu Wohlstand verholfen. Doch am Leben mit und in der Natur hat sich in vielen Dörfern nur wenig verändert.

Die Straße, die sich von Ampezzo nach Sauris hinaufwindet, ist schmal. Eine Vielzahl von Kurven macht die knapp fünfzehn Kilometer lange Strecke beschwerlich. Enge Tunnel, aus dem Fels herausgeschlagen, mahnen ebenso zur Vorsicht wie der Blick nach unten: Weit unten, in einer Schlucht, fließt der Lumiei, ein Wildbach. Ansonsten ist nichts zu sehen als steile, dicht bewaldete Hänge. Die Fahrt dauert endlos. Am Lago di Sauris, einem Stausee, öffnet sich die Landschaft, kurz darauf erreicht man Sauris di Sotto, ein paar Minuten später das Oberdorf, Sauris di Sopra. Beide

Dörfer haben sich ihre Eigenart bewahrt. Früher hatte man kein Geld für ständige Neu- und Umbauten, heute ist man stolz auf die gewachsene Architektur. Die Häuser haben Fundamente und Mauern aus Stein, Balkone und Stiegen aus Holz, Dächer mit Schindeln oder aus Blech. Auf den Gestängen unter dem Vordach hängen Mais und Zwiebeln, in den Vorratskammern lagern Kartoffeln, Polenta und Gerste, dazu Rüben und Kohl. Hier oben wächst nicht mehr viel. Viehwirtschaft ist wichtig, man hält Hühner, Rinder und Schweine. Aus Tirol und Kärnten hat man die Tradition weitergeführt, Schweinefleisch über einem Feuer aus Buchenholz und Wacholder zu räuchern. *Prosciutto* und Speck aus Sauris sind in ganz Italien berühmt, zusammen mit dem Schinken aus dem berühmten San Daniele.

Viel davon landet auch in den heimischen Pfannen. Küchen sind in diesem Landstrich immer noch archaisch anmutende Plätze. Kaum ein Haus ohne *fogolar*, einem gemauerten Herd mit einer offenen Feuerstelle. Hier wird gekocht, hier versammelt man sich an kalten Tagen zum Essen und Erzählen. Die karnisch-friulanische Küche macht warm und satt. *Frico* zum Beispiel, eines der Nationalgerichte: geschmolzener Käse, mit Speck, Zwiebeln und Kartoffeln angerichtet. Oder *jota*, eine Suppe aus Maismehl Speck, Zwiebeln und Kräutern, gekocht mit Bohnen oder Sauerkraut, manchmal auch Schweinsrippen. Wer keinen Reis hat, weicht auf *orzotto* aus, der aus Gerste gemacht ist und mit Pilzen und Kräutern serviert wird. Berühmt auch die *cialzons*, Teigtaschen ähnlich den Südtiroler Schlutzkrapfen, gefüllt mit Kartoffeln, Minze und Basilikum oder auch mit Kürbis, Früchten und Nüssen. Was man vor der Tür produziert und erntet, kommt ohne Umwege auf den Tisch.

Das Erntedankfest nimmt man beim Namen. Die Leute von Sauris waren immer schon gottesfürchtig. Kein Weiler ohne eigene Kapelle, eine Kirche in jedem der beiden Dörfer. In Sauris di Sopra die Pfarrkirche San Lorenzo mit ihrem spätgotischen Flügelaltar von Michael Parth, in Sauris di Sotto die Wallfahrtskirche Sant'Osvaldo. Die Verehrung des Heiligen Oswald, Schutzpatron gegen Pest und Epidemien, haben die ersten Siedler aus Tirol mitgebracht, wie allerdings ausgerechnet dessen Daumen in die karnischen Berge gekommen ist, liegt im Dunkeln. Sei's drum. Hier ist er nun, und hier wird er seit vielen Jahrhunderten als Reliquie angebetet. Pilger aus dem ganzen Friaul und vor allem auch aus Venedig sind früher die Steige bis nach Sauris heraufgestiegen, um dem Osvaldo zu huldigen und ihre Präsente zu hinterlassen. Auf diese Weise kam die arme Zahre zu einer eindrücklichen kleinen Kunstsammlung, die im Pfarrhaus zu besichtigen ist.

Den Segen von oben, den konnten die Leute von Sauris immer gut brauchen. Die Winter waren lang, die Ängste vor den Schemen der Dunkelheit groß. Die Umarmung der Kirche schien kräftig, der Glaube recht fest verankert. Und doch:

Wer den Wind über die Hochebene jagen und darin fremde Stimmen zu hören meinte, wer im Schnee zu ersticken fürchtete und im Feuerschein die Figuren seiner Albträume ortete, der rettete sich nicht nur zu Gott. Des Winters hingen die Toten im Dachboden, weil der Friedhof unter einer Eisdecke verschwunden war. Die Tür zum Jenseits war verschlossen, nun irrten die armen Seelen in Sauris herum. Wie sollte man da noch gut schlafen.

Der Aberglaube war Zuflucht und Mittel, die Mächte des Bösen zu bannen und die guten Geister zu beschwören. Archaische Kulte leben bis heute weiter, auch wenn die Ängste inzwischen ganz andere geworden sind. Alte Riten gehören zum Jahreskreis. Wenn die Winternächte kalt und duster sind, läuft man mit einem Stern übers Feld, das Helle zu verkünden. Fasnachtsnarren ziehen lärmend durchs Dorf, die Gesichter geschwärzt oder hinter Holzlarven versteckt, um dem *kheirar* zu folgen. Er hat einen Besen bei sich, um den Dämonen des Winters den Garaus zu machen und dem Frühling einen sauberen Boden zu bereiten. Und wer sich zum ersten Mal über die Grenzen von Sauris hinauswagt, der muss sich wappnen, der muss zeigen, wie tapfer er ist. Der muss der *belin* den Hintern küssen. Kein reines Vergnügen, denn die *belin* ist ein hässliches, dreckiges Weib, so will es die Überlieferung. Ein Initiationsritus, so Anthropologen. Das Fest wird immer noch am 5. Januar jeden Jahres gefeiert, der »Orsh vander Belin«, wie es heißt.

Seit einigen Jahren ist auch in Sauris der Tourismus eingezogen, die Gäste staunen über das fremdartige Brauchtum. Es lebt weiter, ohne vollends zur Folklore verkommen zu sein. Die Faschisten hatten auch Karnien zu italianisieren versucht und alle Minderheiten unterdrückt. Damals galt es, sich zu assimilieren. Man schämte sich für die eigene Sprache und die altmodischen Kulte. Besonders die Bewohner der beiden Sprachinseln Sauris/Zahre und Timau/Tischlwang duckten sich. »Es fehlen die Börtlan in unsere Schprach«, hieß es. »Sie isch ein Dialetto, nit proprio edle deitsche Schprach.« Und so ist's wohl auch: Eine Sprache ohne Schnörkel, geradlinig, manchmal hart. Wie auch anders, bei einem Leben wie diesem?

Inzwischen steht man wieder zu sich. Die Bevölkerung der Zahre nimmt leicht ab – zuletzt zählte man nur noch vierhundertneunzehn Einwohner –, doch der Wille ist gewachsen, zu den Wurzeln zurückzugehen. Es gibt das Zahre-Haus, ein kleines Museum für Volkskunde, dazu den Kulturverein, den Chor und die Zeitschrift *De Zahre reidet*. Webereien suchen an die alten Traditionen anzuknüpfen, Tischler und Schnitzer setzen das Handwerk ihrer Väter und Großväter fort, auf den Almen entstehen Kuh- und Ziegenkäse, *formaggio salato* und *ricotta affumicata*. Der Sommer ist kurz. Das Heu für den Winter muss eingeholt und Holz geschlägert werden, man muss Kartoffeln, Rüben und Getreide setzen, ernten und lagern. Im Winter ist es ruhiger, doch da kommen die Langläufer, Rodler und Tourengeher und sitzen des Abends in den Stuben. Wirklich still ist es im späten Herbst, da bleiben die Einheimischen unter sich. Die Bänke und Tische in der Speckstube, dem Dorfwirtshaus, sind aus Holz. Man mag nicht mehr aufstehen. Seit ein paar Jahren braut man in Sauris ein eigenes Bier, das Zahrebeer. Ein kleiner roter Teufel sitzt am Etikett, doch er steckt auch in jeder Flasche, in jedem Glas und grinst.

Nach so einem Abend in der Speckstube wird der Heimweg lang. Viele der Höfe liegen weit verstreut auf dem Plateau und den Hängen, einen guten Fußmarsch vom Kirchdorf entfernt. Mond und Sterne weisen den Weg. Und die vierzehn Engel den Traumpfad ins Paradies.

Gepet – Vierzan Eingln

In Göttas nome haint gei schlofn;
vierzan Eingln vieri mit mier;
zbeana pame koupfe,
zbeana pan viesse,
zbeana ander gerechtn saite
zbeana ander geteinkn saite,
zbeana as mi deiknt,
zbeana as mi beiknt,
zbeana as mi viernt
iber himblische Paradais.
Omen